序　言

婚姻是家庭的基础，家庭是社会的细胞。美满的家庭生活关系着民生幸福和社会和谐。近年来，中国的婚姻和家庭关系发生了非常大的变化，结婚率和结婚人数呈现下降态势，人们进入婚姻的时间更晚，结婚成本更高。这个成本不仅仅包括婚礼、彩礼等方面的费用，更为重要的是住房等方面的经济负担。在中国的婚恋关系中，房子是一种身份象征，也是一种竞争资本，没有房产的情侣很有可能推迟结婚，婚房购买也会影响婚后家庭关系。

本书从社会性别的角度，分析了婚房购买影响婚后家庭关系的作用机理，婚房购买模式对婚后家庭关系产生影响的原因及其对策建议，人口数量变化、人口质量变化、人口结构变化对婚房购买及婚后家庭关系的影响，反映了该领域的学术前沿，是一本兼有理论阐发与实践探索意义的学术著作。本书具有以下三个特点：

第一，本书深化了对中国婚姻家庭关系的理论研究。比如，本书指出女方购买婚房增加女方在婚后家庭事务和矛盾冲突中的话语权、自主权，提升其婚后的家庭地位；婚房购买模式差异对家庭关系产生影响的原因，包括家庭贡献期望、家庭分工、婚房购买的性别角色"错位"，以及性别结构失衡、婚恋观变迁、生活方式变迁、消费升级、文化变迁等导致因婚房购买引发的家庭矛盾纠纷；婚房购买模式对婚姻、家庭关系带来的挑战，包括婚房购买增加亲代为子代操办婚事的压力，特别是年轻男性及其家庭的经济压力，加深家庭的代际关系，女方购买婚房可能引发家庭分工矛盾，婚房购买AA制可能导致夫妻情感疏离。

第二，本书聚焦了中国婚姻家庭关系研究的前沿问题。比如，本书分析了人口数量、质量、结构的变化对婚房购买及其婚后家庭关系的影响，包括人口增速放慢导致经济发展放缓，增加了婚房购买的难度和婚姻的不稳定；男女比例的总体失衡，导致婚姻挤压；女性受教育程度和社会经济地位的提高，使其不需要通过婚姻来维系生存，进而加大婚姻的难度；男女比例的城乡失衡，导

致部分农村男性难找对象;男女比例的地区失衡,使"老夫少妻""姐弟恋"的比重在城市逐年增加;人口老龄化加大了社会的养老负担和年轻人的经济压力,推高了年轻人的结婚成本;少子化可能导致晚婚晚育、少生不生以及单身现象。

第三,本书提供了大量关于婚房购买方式对家庭关系产生影响的基础数据和案例分析,数据真实、案例生动,丰富了相关研究的数据资料,有助于进一步深化对中国婚姻家庭关系的理论研究和实践探索。

党的二十大报告强调,"中国式现代化是人口规模巨大的现代化",并提出"优化人口发展战略,建立生育支持政策体系,降低生育、养育、教育成本",以及"实施积极应对人口老龄化国家战略"。本书的出版有利于应对和解决当前我国结婚率、生育率不断下降的重大问题,减轻生育、养育、教育成本,有助于青年走向更加幸福美好的生活!

成都中医药大学马克思主义学院院长、教授
刘东梅
2023 年 9 月

黄 婧 ◎著

青年婚房

购买模式与家庭关系

图书在版编目（CIP）数据

青年婚房购买模式与家庭关系 / 黄婧著. — 成都：四川大学出版社，2023.10
ISBN 978-7-5690-5952-6

Ⅰ.①青… Ⅱ.①黄… Ⅲ.①结婚－住宅－购买－作用－家庭关系－研究－中国 Ⅳ.① D669.1

中国国家版本馆CIP数据核字（2023）第 017799 号

书　　名：青年婚房购买模式与家庭关系
　　　　　Qingnian Hunfang Goumai Moshi yu Jiating Guanxi
著　　者：黄　婧

选题策划：蒋姗姗
责任编辑：蒋姗姗
责任校对：谢　鎣
装帧设计：墨创文化
责任印制：王　炜

出版发行：四川大学出版社有限责任公司
　　　　　地址：成都市一环路南一段24号（610065）
　　　　　电话：（028）85408311（发行部）、85400276（总编室）
　　　　　电子邮箱：scupress@vip.163.com
　　　　　网址：https://press.scu.edu.cn
印前制作：四川胜翔数码印务设计有限公司
印刷装订：四川盛图彩色印刷有限公司

成品尺寸：170 mm×240 mm
印　　张：7.75
字　　数：151千字

扫码获取数字资源

版　　次：2023年10月 第1版
印　　次：2023年10月 第1次印刷
定　　价：48.00元

四川大学出版社
微信公众号

本社图书如有印装质量问题，请联系发行部调换

版权所有 ◆ 侵权必究

目　录

第一章　绪　论 ……………………………………………………（ 1 ）
　第一节　研究意义 ………………………………………………（ 1 ）
　第二节　概念界定、研究视角与研究方法 ……………………（ 2 ）
　第三节　基本思路与案例 ………………………………………（ 3 ）
　第四节　研究重点和难点 ………………………………………（ 7 ）
　第五节　创新点和不足之处 ……………………………………（ 8 ）

第二章　文献综述 …………………………………………………（ 10 ）
　第一节　婚姻家庭关系的基本理论 ……………………………（ 10 ）
　第二节　关于婚房购买与家庭关系的研究现状 ………………（ 13 ）
　第三节　简要述评：局限与突破 ………………………………（ 16 ）
　第四节　本章小结 ………………………………………………（ 17 ）

第三章　婚房购买影响婚后家庭关系的机理分析 ………………（ 19 ）
　第一节　对婚房购买与家庭关系的经济学分析 ………………（ 19 ）
　第二节　对婚房购买与家庭关系的社会学分析 ………………（ 24 ）
　第三节　对婚房购买与家庭关系的心理学分析 ………………（ 28 ）
　第四节　本章小结 ………………………………………………（ 31 ）

第四章　男方购买婚房对婚后家庭关系的影响 …………………（ 33 ）
　第一节　男方购买婚房对夫妻关系的影响 ……………………（ 33 ）
　第二节　男方购买婚房对代际关系的影响 ……………………（ 43 ）
　第三节　男方购买婚房对婚后家庭交往、亲属关系重构的影响 ……（ 47 ）
　第四节　本章小结 ………………………………………………（ 49 ）

第五章　女方购买婚房对婚后家庭关系的影响 …………………… (50)
第一节　女方购买婚房对夫妻关系的影响 ………………… (50)
第二节　女方购买婚房对代际关系的影响 ………………… (58)
第三节　女方购买婚房对婚后家庭交往、亲属关系重构的影响 …… (61)
第四节　本章小结 …………………………………………… (64)

第六章　婚房购买 AA 制对婚后家庭关系的影响 ……………… (65)
第一节　婚房购买 AA 制对夫妻关系的影响 ……………… (65)
第二节　婚房购买 AA 制对代际关系的影响 ……………… (69)
第三节　婚房购买 AA 制对家庭交往、亲属关系重构的影响 …… (70)
第四节　婚姻新形式：两头婚 ……………………………… (72)
第五节　本章小结 …………………………………………… (73)

第七章　婚房购买模式对家庭关系产生影响的原因 …………… (75)
第一节　性别角色差异与分工 ……………………………… (75)
第二节　社会变迁 …………………………………………… (78)
第三节　商品拜物教与住房消费异化 ……………………… (83)
第四节　本章小结 …………………………………………… (84)

第八章　婚房购买模式对家庭关系带来的挑战与应对策略 …… (86)
第一节　婚房购买对家庭关系带来的挑战 ………………… (86)
第二节　婚房购买模式对家庭关系带来的挑战 …………… (87)
第三节　应对策略 …………………………………………… (90)
第四节　本章小结 …………………………………………… (94)

第九章　婚房购买及婚后家庭关系的前瞻性分析 ……………… (95)
第一节　人口数量变化对婚房购买及婚后家庭关系的影响 … (95)
第二节　人口质量变化对婚房购买及婚后家庭关系的影响 … (97)
第三节　人口结构变化对婚房购买及婚后家庭关系的影响 … (99)
第四节　本章小结 …………………………………………… (102)

参考文献 ………………………………………………………… (104)

附件　城市青年婚房购买与婚后家庭关系的调研问卷 ……… (107)

第一章 绪 论

第一节 研究意义

一方面,住房对现代青年的婚姻决策产生重大影响;另一方面,婚房购买模式,即由男方购买婚房还是由女方购买婚房,或是双方合资共同购买,是婚前购买还是婚后购买,是贷款购买还是全款购买,对男女双方婚后的心理状态、家庭地位、夫妻关系、婆媳关系、翁婿关系等将产生不同的影响。基于社会不同性别视角,研究婚房购买模式对婚后家庭关系的影响,对解决新时代由于住房因素导致的家庭矛盾和经济纠纷,建构和谐的家庭关系、婚姻文化具有重要的理论价值和实践意义。

一、理论意义

就理论而言,一是对于深入揭示隐藏在"婚房竞争"现象背后的原因,即为什么会出现以房产为核心指标进行竞争的婚姻?目前的理论解释存在哪些争议?这一婚姻现象的变化趋势和社会经济影响后果是怎样的?本书将运用婚姻偿付理论、婚姻匹配理论、婚姻策略理论分析婚房购买影响婚后家庭关系的机理,即从理论上解释婚房购买模式如何对夫妻关系、代际关系等产生实质性的影响。二是本书作者通过广泛的调查,实证分析青年婚房的购买过程和购买模式是如何影响婚姻质量、夫妻关系、代际关系的,家庭关系由此产生了怎样的变动,其观点和结论可以进一步丰富社会学、经济学、社会主义精神文明建设、人口学等相关理论。三是本书探讨婚房购买模式对家庭关系产生影响的原因。四是本书指出当前城市青年的婚姻观、家庭观的新变化和新趋势,可以为证实婚房购买模式是否显著影响婚姻质量和家庭关系提供新的经验事实和科学证据。

二、实践意义

就实践而言，研究婚姻购买模式对婚后家庭关系的影响，一是能让人们正确认识与处理物质基础与婚姻家庭、"房子与幸福"之间的关系，促使青年形成正确的婚姻家庭观，促进新时代城市青年的理性婚姻行为，提高婚姻质量和促进家庭的和谐稳定；二是强化恋爱与婚姻自由，推动和践行爱国爱家、相亲相爱、向上向善的社会主义家庭文明新风尚，并且引导新的婚俗，如父母适当支持购买婚房，租房结婚，量力、节俭办婚事等，最终形成无房也能结婚、量力办婚事、节俭办婚事的良好风尚；三是推动政府加强以"婚恋友好"为宗旨的制度设计，制定针对适婚青年的公共性租房和购房优惠政策，为当下的住房制度改革提供一定的参考价值。

第二节　概念界定、研究视角与研究方法

一、概念界定

本书研究的家庭关系指家庭成员之间的人际关系，包括姻亲、血亲与收养关系，其多样性与家庭规模有关。核心家庭只有夫妻关系、父母子女关系和兄弟姐妹关系，直系家庭要加上婆媳（翁婿）关系、祖孙关系，联合家庭还要加上妯娌、姑（叔）嫂关系等。一般而言，亲子关系和夫妻关系是家庭关系的核心内容，家庭关系以义务、责任、权利、交换和亲情行为等多种功能为体现方式。

性别角色是指一定的群体或社会对男女特性及行为的规定或期待。性别角色差异是指一定社会关系中男女社会地位和被期望的行为规范的不同。

二、研究视角

性别层次包括生理性别、心理性别、社会性别。生理性别指生物遗传上所具有的性别，即男女生理上的差异；心理性别，也叫性别认同，指个体对自己性别的主观感知，一般而言生理性别与心理性别一致，部分人生理性别与心理性别不一致，进而产生"性别焦虑"；社会性别，指作为一个男人或女人的社会含意，泛指社会对男女两性及两性关系的期待、要求和评价，即由特定的文化环境规定的被认为是适合其性别身份的性别特征及行为举止。

本书从社会性别视角出发，探究中国性别角色社会化进程中婚房的购买模式对婚姻质量、家庭关系产生的影响，并在此基础上提出相关对策建议，以缓解和消除因婚房购买模式差异导致的家庭矛盾纠纷。

三、研究方法

一是文献研究法。本书使用了多种国内外主流文献数据库进行文献检索，较为全面地收集国内外青年的婚房购买及它对婚后家庭关系的影响的相关文献，并对它进行翔实的梳理、考证、分析和阐发，充分了解该领域学术界的研究状况和动态，提炼出基于性别视角的婚房购买模式对婚后家庭关系的影响因素，为研究的可行性提供理论支撑和素材支撑，为解决现实问题理清思路。

二是定性分析和定量分析相结合的研究法。本书对青年婚房购买模式差异对家庭关系产生影响的原因、婚房购买模式对家庭关系带来的挑战以及相应应对策略进行定性分析。婚房的购买模式对婚姻质量、夫妻关系、代际关系的影响以定性分析为主，然后运用统计学的方法，以少量样本统计的定量分析为辅。

三是问卷调查法和个案深度访谈。调查组成员在成都选择部分家庭进行结构访问式问卷调查，并对15对新婚夫妇进行深度的个案访谈，以获取微观层面上的一些不适宜以问卷的形式收集的资料。

四是比较研究方法。本书为了搞清楚婚房购买模式对婚后家庭关系的影响，全面解析房子与婚姻的关系，运用了大量的比较研究方法。既有从社会性别上比较，即对女方购买婚房与男方购买婚房对婚后夫妻关系、代际关系的比较；也有从时间上的比较，即对婚前购买婚房与婚后购买婚房对婚后夫妻关系、代际关系的比较；还有从内容上的比较，即房子的价值本质与婚姻的价值本质的比较、房子的本质与家的本质的比较，多角度地阐释房子与爱情婚姻之间的关系。

第三节 基本思路与案例

一、基本思路

本书的研究对象为青年的婚房购买模式及它对婚后家庭关系的影响。婚姻偿付理论、婚姻策略理论、婚姻交换理论、婚姻资助理论为研究提供了重要思想指导。本书综合运用上述理论，在对新婚夫妇进行较大规模的抽样问卷调查、个案访谈，广泛收集一手经验资料的基础上，重点分析婚房购买模式对家庭关系产生的影响，厘清男方购买婚房、女方购买婚房、AA 制购买婚房分别对婚后家庭关系产生了怎样的影响；探讨婚房购买模式差异对家庭关系产生影响的原因，以及婚房购买模式对家庭关系带来的挑战，最后提出应对策略，帮助适婚青年树立正确的爱情观、婚姻家庭观，促进中国婚姻家庭的稳定和代际关系的和谐。

通过上述逻辑的梳理，可以看出性别视角下青年婚房购买模式及它对婚后家庭关系的影响研究总体上贯穿了一个线索：是什么（运用理论基础回答婚房购买影响婚后家庭关系的机理是什么）——怎么样（婚房购买模式对家庭关系产生的影响）——怎么办（提出舆论引导、心理疏导、住房改革、情绪管理等对策）。本书的基本思路图如图1-1所示：

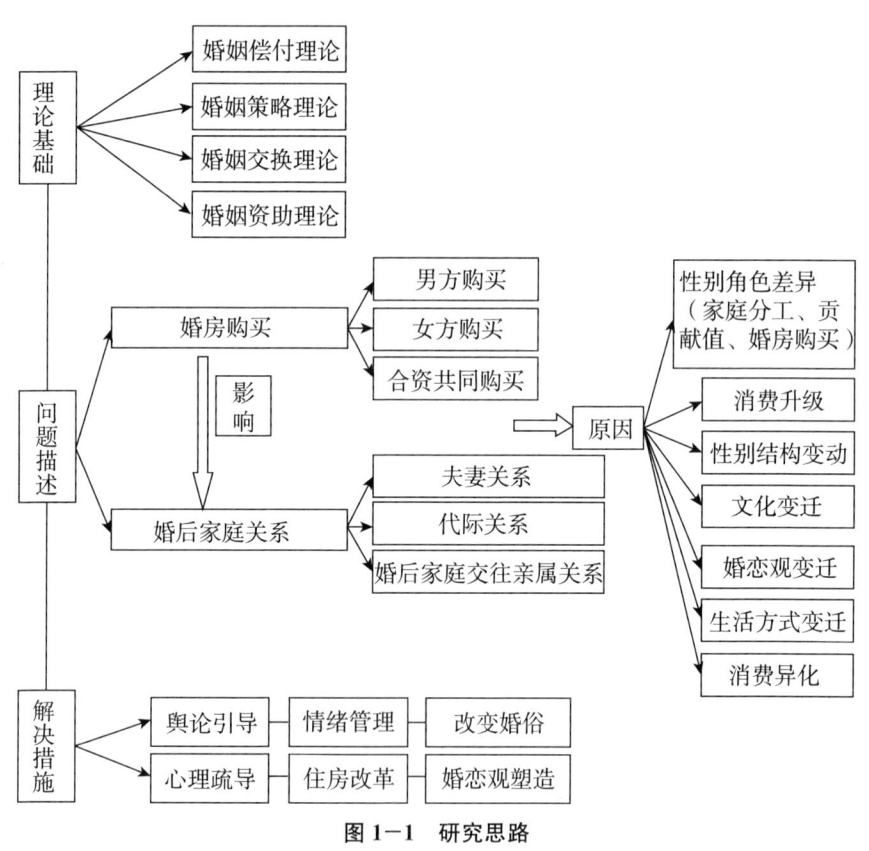

图1-1 研究思路

二、资料搜集与案例情况

本书聚焦于现代中国性别角色社会化进程中婚房购买模式与婚后家庭关系存在何种关联这一主要问题,采用定性与定量相结合的分析方法,运用发放问卷、面对面半结构式个案访谈方式收集资料。问卷发放的对象为成都主城区中的 105 个已婚青年家庭。调研总共发放问卷 105 份,回收有效问卷 95 份,其基本情况见表 1-1、表 1-2。

表 1-1 婚房贷款购买的类型与占比

婚房购买	购房户数量	占比%
双方父母出首付夫妻共同偿还贷款	36	37.89
夫妻一方父母出首付且独自偿还贷款	1	1.05
夫妻一方父母出首付且其子女单独偿还贷款	18	18.95
夫妻一方父母出首付且与其子女共同偿还贷款	7	7.37
夫妻一方父母出首付但另一方父母单独偿还贷款	1	1.05
夫妻一方父母出首付但另一方子女单独偿还贷款	8	8.42
夫妻一方父母出首付但另一方子女与父母共同偿还贷款	2	2.11
总计	73	76.84

表 1-2 婚房全款购买的数量与占比

婚房购买	购房户数量	占比%
男方全额购买	5	5.26
女方全额购买	3	3.16
男女双方共同(非 AA 制)全额购买	9	9.48
男女双方 AA 制全额购买	5	5.26
总计	22	23.16

本次的调研对象主要有以下两类:第一类是结婚 5 年内并购买了婚房的青年男女;第二类是已婚青年的父母,通过对其父母的访谈探究婚房购买方式如何影响家庭代际关系,其基本情况见表 1-3。本书中的研究案例主要来自成都市。成都市是四川省省会城市,西部大城市,经济发展相对较好,房价相对较高,案例选取的已婚青年家庭具有典型性和代表性。本研究考虑购房方式的差异性,最终选取了 22 个典型个案作为研究对象,其中购房方式分别为贷款

购房、全款购房两种情况,贷款购房又分为双方父母出首付夫妻共同偿还、双方父母出首付夫妻一方单独偿还、夫妻一方父母出首付且独自偿还、夫妻一方父母出首付且其子女单独偿还、夫妻一方父母出首付且与子女共同偿还、夫妻一方父母出首付但另一方父母单独偿还、夫妻一方父母出首付但另一方子女单独偿还、夫妻一方父母出首付但另一方子女与父母共同偿还,全款购房分为男方全款购房、女方全款购房、双方共同全额购买和男女双方 AA 制全额购买,这一分类有助于不同购房方式对婚后家庭关系的影响分析。此外,笔者还访谈了其中 8 位青年的父亲或母亲共 8 人,以便加强对家庭代际关系变迁的研究。

表 1－3　婚房购买的调研对象

编号	姓名	性别	年龄	学历	职业	购房方式
1	XXL	男	29	本科	私企员工	贷款购买
2	WJ	男	32	本科	政府公务员	贷款购买
3	LM	男	30	本科	小学教师	贷款购买
4	CL	男	27	本科	银行职员	贷款购买
5	WWQ	男	28	本科	社区工作者	AA 制
6	GXL	男	33	本科	国企职员	女方全款购买
7	HGL	男	28	硕士	外企员工	女方全款购买
8	HY	男	35	硕士	软件工程师	贷款购买
9	ZWB	男	35	博士	医生	全款购买
10	WZL	男	34	本科	个体户	全款购买
11	ZZH	男	33	本科	建筑工程师	AA 制
12	ZWB	男	30	本科	警察	贷款购买
13	DXK	女	29	本科	政府公务员	男方全款购买
14	XXX	女	28	硕士	大学辅导员	贷款购买
15	GRB	女	29	专科	护士	AA 制
16	CZW	女	27	本科	淘宝店主	贷款购买
17	ZXW	女	26	专科	个体户	贷款购买
18	ZQ	女	28	本科	企业会计	AA 制
19	HXJ	女	33	博士	大学教师	男方全款购买
20	LJ	女	26	本科	幼师	贷款购买共同偿还

续表1-3

编号	姓名	性别	年龄	学历	职业	购房方式
21	SXL	女	35	专科	无（全职太太）	男方全款购买
22	MXX	女	25	本科	无（全职太太）	AA制
23	XXL的母亲	女	54	—	农民	—
24	CL的母亲	女	53	—	国企职员	—
25	GXL的母亲	女	58	—	打零工	—
26	HGL的母亲	女	58	—	打零工	—
27	ZXW的母亲	女	56	—	个体户	—
28	LJ的父亲	男	60	—	中学教师	—
29	DXK的父亲	男	59	—	客车司机	—
30	LM的父亲	男	62	—	政府公务员	—

第四节 研究重点和难点

一、研究重点

本书研究的重点在于婚房购买模式对婚后家庭关系产生了什么样的影响及其原因。具体包括以下几个方面：一是男方购买婚房对婚后家庭关系产生的影响；二是女方购买婚房对婚后家庭关系产生的影响；三是AA制购买婚房对婚后家庭关系产生的影响；四是婚房购买方式差异对家庭关系产生影响的原因。

二、研究难点

研究的难点有以下四点：一是婚房购买模式对婚后家庭关系的影响非常复杂，要把它分析清楚、透彻，具有较大挑战性；二是指出当前婚房购买模式对婚姻、家庭关系带来的挑战，并在此基础上提出应对策略，具有较大挑战性；三是本书的研究方法以问卷调查为主，调查婚房购买对婚后家庭关系的影响因素，这涉及个人隐私，故如何确保研究所需数据量和质的可及性，是研究需要解决的一大难题，同时被调查家庭需要多元化才能确保研究数据的全面性，在经费和人手有限的情况下，这对笔者的社会调查组织计划能力将是严峻的考验;四是判断和分析当前的人口变化,包括人口数量变化、人口质量变化、人口结构变化对婚房购买以及婚后家庭关系产生的影响,具有一定的挑战性。

第五节 创新点和不足之处

一、创新点

一是学术思想创新。本书综合运用家庭社会学、婚姻经济学等相关原理,分析城市青年婚房购买模式对婚后家庭关系产生的影响及其原因,指出婚房购买模式对家庭关系带来的挑战,从婚房购买模式着手,分析中国婚姻家庭中出现的问题及提出对策,可能是中国婚姻、家庭关系研究的一个创新点。

二是学术观点创新。①指出女方购买婚房增加女性在家庭事务中的话语权、自主权,提升女性的家庭地位,增加她在家庭代际矛盾冲突中的话语权。②指出婚房购买模式差异对家庭关系产生影响的原因,主要是家庭贡献期望、家庭分工、婚房购买的性别角色"错位",以及性别结构失衡、婚恋观变迁、生活方式变迁、消费升级、文化变迁等导致因婚房购买引发的家庭矛盾纠纷。③指出婚房购买模式对婚姻、家庭关系带来的挑战,包括婚房购买增加亲代为子代操办婚事的压力,加深家庭的代际关系,男性购买婚房加大了男性及其家庭的经济负担和内部矛盾,女性购买婚房可能引发家庭分工矛盾,AA制购买婚房可能导致夫妻情感疏离。④分析人口变化,即人口数量变化、人口质量变化、人口结构变化对婚房购买以及婚后家庭关系的影响,包括:人口增速放慢导致经济发展放缓,增加了婚姻的不稳定性;男女比例的总体失衡,导致男性婚姻受挤压;女性受教育程度的提高,加大男性婚房购买和结婚的难度;城乡男女比例失衡,导致部分农村男性找对象难度加大;人口老龄化加大了社会的养老负担和年轻人的经济压力,不利于年轻人婚房的购买;少子化现象可能导致晚婚晚育、少生不生以及单身。

三是研究方法创新。运用文献研究法,对青年的婚房购买及它对婚后家庭关系影响的相关文献进行梳理、分析和阐发;在成都市选择部分家庭,采用面对面结构性访谈、个案深度访谈调查等方式研究婚房购买对婚后家庭关系的影响因素;采用定性研究为主、定量研究为辅的方式分析婚房的购买模式对家庭关系的影响;采用比较研究方法,搞清楚婚房购买模式对婚后家庭关系的影响和解析房子与婚姻的关系。

二、不足之处

受地域、条件、经费等因素的限制，本研究存在着如下局限之处。

一是婚房购买涉及夫妻关系、代际关系等个人隐私，较为敏感，尤其是有着失婚、离婚经历的被访者在访谈的过程中可能不愿表达其真实想法和感受，这在一定程度上影响了调查的真实性。在家庭话语权、家庭分工、谈判力和家庭地位等方面，由于条件受限，调查员只是访谈夫妻当中的一方，因而也可能会降低资料的效度，影响结论的推导。

二是受新冠肺炎疫情影响，调查组成员开展调研的城市主要为成都市。成都市的房价较高且单身女性较多，另外成都市是一个地域性别文化十分有趣的城市，在成都市女性地位较高，婚后家庭生活中还存在"耙耳朵"的地域文化特征，故本研究调查存在着样本量较小、代表性较差的问题，研究的婚姻策略和婚后的家庭关系更多地体现出四川特色，不能体现中国其他地区的特色。所以在今后的研究中，笔者还应了解其他城市的相关情况，通过比较分析，把握青年婚房购买对婚后家庭关系影响的一般规律和特殊性。

三是未来五到十年内中国房地产市场将不断地去金融化，房地产行业的发展空间基本到达上限，房价有可能出现下跌的趋势，那时大多数青年能实现在城市买房的梦想，房子与爱情、婚姻不再捆绑，其关联度将大幅度下降，那么未来影响中国婚姻家庭关系的主要因素又将会是什么呢？对于中国人的婚姻，陈顾远认为："支配婚姻之动机，初以经济居先，生殖次之，恋爱再次之；次以生殖居先，经济次之，恋爱仍次之；最后以恋爱居先，生殖次之，经济再次之。"① 也就是说随着社会的发展，经济因素在影响中国人的婚姻缔结的因素中的权重将逐渐下降，而情感因素在影响婚姻缔结的因素中的权重将位居第一，那么未来影响中国婚姻家庭关系的情感因素又将会是什么呢？本书缺乏对这一问题的预判。

---

① 陈顾远. 中国婚姻史 [M]. 北京：商务印书馆，2014：8.

第二章　文献综述

第一节　婚姻家庭关系的基本理论

一、马克思恩格斯婚姻家庭观的经典论述

就婚姻观而言，马克思主义理论认为婚姻作为一个历史范畴，是由生产方式所推动的，婚姻的起源是由社会物质资料的生产方式决定的，资产阶级的婚姻形式具有历史暂时性特点；婚姻的本质是其社会属性，是人与人之间的社会关系；爱情是婚姻家庭的基础，婚姻是爱情的结果，婚姻家庭中夫妻关系平等，婚姻除了爱情还具有经济因素、法律因素、社会制度因素、政治因素；应批判资产阶级虚伪的婚姻观和展望共产主义未来婚姻状况。

就家庭观而言，马克思认为，家庭是夫妻之间的关系，是父母和子女间的关系[1]。他指出，家庭的产生和演变是由社会生产方式所决定的。"在生产、交换和消费发展的一定阶段上，就会相应的社会制度、相应的家庭、等级或阶级组织，一句话，就会有相应的市民社会。"[2] 马克思、恩格斯批判资本主义社会的婚姻家庭更多的是利益关系和性交易，社会主义社会夫妻双方遵循社会道德规范，相互忠诚，履行各自的义务。恩格斯指出："如果说只有以爱情为基础的婚姻才是合乎道德的，那么也只有继续保持爱情的婚姻才合乎道德。"[3]

---

[1] 中共中央马克思恩格斯列宁斯大林著作编译局. 马克思恩格斯选集（第一卷）[M]. 北京：人民出版社，1995：80.
[2] 中共中央马克思恩格斯列宁斯大林著作编译局.. 马克思恩格斯选集（第四卷）[M]. 北京：人民出版社，2012：532.
[3] 中共中央马克思恩格斯列宁斯大林著作编译局.. 马克思恩格斯选集（第四卷）[M]. 北京：人民出版社，2012：81.

马克思恩格斯主张婚姻自由，男女双方有结婚和离婚的权利，反对不负责任的轻率离婚；主张男女权利平等，提倡妇女解放，认为抚养和教育孩子是家庭和全社会的责任。按照马克思主义的观点，家庭在历史的发展中有几个基本功能：经济功能、政治功能、情感功能和生育功能。

二、婚姻偿付理论

婚姻偿付理论由弗里德曼和怀特等提出，即男方家庭必须为女方的嫁入向女方家庭提供补偿。因为新娘的嫁入增加了新郎家庭的劳动力，但对于新娘家庭而言，是一种劳动力的损失，所以为弥补新娘父母对新娘的养育费用和教育成本，新郎家庭必须对新娘父母予以补偿。据此，女性在婚嫁中成为具有生育价值、劳动价值，能为婆家带来人口和财富增长的一方。彩礼被诠释为新郎家付给新娘家的费用，用以确认对新娘繁衍后代和家务劳动的权利的转移。补偿是该理论的核心，即新郎家向新娘家做出补偿是必须的。作为新娘的妇女被客体化了，并通过彩礼实践而被交换。而且，当她们从娘家的族亲群体中转移出来时，又被完全纳入了新郎家的族亲群体[①]。婚姻偿付理论强调群体之间的关系，对代际关系研究较少。

三、婚姻资助理论

与婚姻偿付理论相反，婚姻资助理论认为婚礼交易不能仅仅被视为对娶入妇女的"补偿"，婚姻中的财富分配是趋向于对新婚夫妇进行资助的，这一理论突出新建立家庭在群体中的位置，强调代际关系在婚姻交换中的重要作用。婚姻资助理论由美国学者孔迈隆提出，资助为该理论的核心。婚姻资助强调个体之间的交换关系，父代与子代则为交易主体。比如孔迈隆认为，彩礼不应该只有新郎家对新娘家所支付的财物补偿，应是双方父母为新婚夫妇即将组建的小家庭提供的物质基础。婚姻资助理论预设了新娘和新郎家彩礼和间接嫁妆（或直接嫁妆）的平衡交换，更强调婚姻礼物的最终落脚点是新婚夫妇[②]。

四、婚姻交换理论

婚姻就是一种交换行为。弗雷泽用"经济动机"的功能来解释原始社会中

---

① 阎云翔. 礼物的流动：一个中国村庄的互惠原则与社会网络 [M]. 李放春，刘瑜，译. 上海：上海人民出版社，2000：192.

② 阎云翔. 礼物的流动：一个中国村庄的互惠原则与社会网络 [M]. 李放春，刘瑜，译. 上海：上海人民出版社，2000：193.

澳大利亚土著人选择交表婚的原因,即由于财富的匮乏,男人们用女性亲属进行相互交换而组建婚姻。加里·贝克尔从经济学的视角分析人类的婚姻关系,将婚姻行为看作是一种经济行为,认为结婚的目的就是追求最大化的效用,如果一个人的婚姻收入超过了单身收入,他就会选择结婚,否则他就会选择独身或者离婚,夫妻收入、择偶时间长短、对配偶的熟悉程度等影响着人们的婚姻策略[①]。美国社会学家温奇(R,F,Winch)提出"择偶之需要互补说",其基本假设是:择偶时从特殊需要模式中获得最大满足之时,男女双方之特质是异质互补。具体而言:一是婚姻之交换应当重视个人的品质和成就,是当事人个人之交换;二是"当事人各在候选者范围内寻找能给予其需要以最大满足之对象",即最大的交换效益论;三是当事人之间不仅有相同需求时可以交换(即甲给乙"A",乙也给甲"A"),当事人之间有不相同需求时也可以交换(即甲给乙"A",乙也可给甲"B"作为交换)。

五、婚姻策略理论

布尔迪厄认为,婚姻是一种策略的产物。"每一次婚姻事务都必须被理解为'一个策略的结果',都是在一系列物质的和象征性交换中的一个时刻。"[②]在他看来,婚姻策略是一种"旨在获得最大化和象征利益的策略系统",其本质是权力结构、社会阶级与整个社会秩序的再生产。它挣脱了结构主义有关人类亲属关系研究的范式,赋予婚姻以实践意义,为婚姻与家庭领域的研究创造了一个新的理论视界。然而他的"婚姻策略"概念并非具有完全建构的二重性,虽然有意脱离机械论和目的论、客观主义和主观主义的两端对立,但基于惯习的策略概念又过于偏重于社会轨迹和历史结构的决定作用,这样的争议使他的理论贡献更多地停留在实践社会学的方法论层面。布尔迪厄婚姻策略理论在中国农民和农民工婚姻研究中具有广泛的应用,为这些研究提供了一个崭新的视角。

六、家庭权力研究

卡洛琳·沃格勒强调金钱通过某种方式运作,影响家庭话语权[③]。卡罗和

---

① [美]加里·S. 贝克尔. 人类行为的经济分析 [M]. 王业宇,陈琪,译. 上海:格致出版社,上海三联书店,上海人民出版社,2008:14.

② [法]皮埃尔·布尔迪厄. 文化资本与社会炼金术 [M]. 包亚明,译. 上海:上海人民出版社,1997:57.

③ Carolyn Vogler. Money in the Household:Some Underlying Issues of Power [J]. The Sociological Review,2008,Vol,46(4):3—13.

珍妮发现婚后如果为了个人财产的独立权而分别管理财产会产生地位的不平等，尤其是对于有孩子的妇女[①]。简•帕尔指出家庭是一个资源共享的经济单元，但是男性总是与较高收入和特权联系在一起，而女性更多地与较低收入和剥夺感联系在一起，丈夫与妻子在经济上的平等只有五分之一的家庭能够做到[②]。加布里埃尔描述家庭权力的复杂性并指出，配偶对权力产生的行事动机会对家庭任务分配产生影响，显示了男女不对称的家庭地位。帕罗拉指出男女家庭分工的差异造成了男女在家庭生活中甚至财产拥有权中的不平等[③]。高曼从长远的视角考察了夫妻生活中发生矛盾和争吵的人为因素和客观因素[④]。罗斯从个体依赖的角度尝试探讨女性对男性的依恋感及在家庭地位中的影响作用[⑤]。

第二节　关于婚房购买与家庭关系的研究现状

一、关于青年婚姻与婚房购买的研究现状

1. 青年结婚是否必须有房。①青年不一定要有房才能结婚。"90后"不愿意为攒钱买房而降低生活品质和牺牲个人爱好（李春玲，2015[⑥]）；传统婚恋模式在弱化，新的婚恋模式对于住房的需求程度也在弱化；"90后"的部分父母有房，可以与父母合住以后直接继承（海文，2014[⑦]）；"90后"的大学生婚房观受生活城市、家庭经济条件以及个体因素影响，存在多元的趋势（胡建

[①] Carole B. Burgoyne, Janet Reibstein, Anne Edmunds. Money and Management Systems in Early Marriage: Factors Influencing Change and Stability [J]. *Journal of Economic Psychology*, 2006, Vol, 28 (2): 90−121.

[②] Jan Pahl. His Money, Her money: Recent Research on Financial Oranisation in marriage [J]. *Journal of Economic Psychology*, 1995, Vol, 16 (3): 34−45.

[③] Pamela Campa, Alessandra Casaricoy, Paola Profeta. Gender Culture and Gender Gap in Employment [J]. *CESifo Economic Studies*, 2011 (1): 156−182.

[④] Erving Goffman. *Stigma: Notes on the Management of Spoiled Identify* [M]. New York: Simon & Schuster Inc., 1963: 52.

[⑤] Anne Ross, Smithand Kate Huppatz. Gender, Work and Organization [J]. *Gender, Work & Organization*, 2010 (9): 547−566.

[⑥] 李春玲. 静悄悄的革命是否临近？——从80后和90后的价值观转变看年轻一代的先行性 [J]. 河北学刊，2015 (3): 100−104.

[⑦] 海文. 搅乱房市的90后 [J]. 今日工程机械，2014 (3): 64−65.

国、李伟，2019①）。②婚房仍然是现代青年结婚的"刚需"。住房质量会显著提高婚姻质量（陈变珍、姜晓刚、唐晓雪，2018②）；房产作为身份标识有助于女性大致判断男性的社会经济地位，拥有房产意味着在婚姻市场中会占据更加有利的位置（廉思、赵金艳，2017③；李斌、蒋娟娟、张所地，2018④）；城市青年结婚买房原因包括追求独立的私人空间，家庭代际关系变迁，女性社会地位提升（林蒙丹、林晓珊，2020⑤）。

2. 婚房由谁购买。有学者认为现代年轻人对于房子在婚姻中地位的观点在性别上是存在差异的：男人比女人更加相信婚房不会阻碍婚姻前进的脚步，而且男人比女人更加坚信婚房应由男人购买；女人比男人更加看重婚房在婚姻中的作用（李丽慧、韩冰雪，2013⑥）。现代社会延续着男性购买婚房的传统，高额的房价给家庭的生活品质、抗风险能力和家庭关系带来了严峻的挑战（郑丹丹、杨善华，2003⑦）。

3. 婚配竞争压力对家庭住房消费行为的影响。婚配竞争压力越大，家庭选择购房的可能性越大，"婚姻驱动"特征明显（李斌、任津汝、张所地，2022⑧）。

4. 婚房购买对青年择偶的影响。现代社会住房逐渐由经济资本转向"符号资本"，住房的品质和符号性的差异影响个人的主观阶层认同，有房青年在择偶时会考虑门当户对，以"住房"为标志的婚姻选择体现不同阶层的内聚性

---

① 胡建国，李伟. 90 后：结婚必须有房吗——基于中国大学生追踪调查的研究［J］. 中国青年研究. 2019（06）：67—72.

② 陈变珍，姜晓刚，唐晓雪. 住房消费对高校教师婚姻质量的影响探讨［J］. 高教论坛，2018（7）：61—64.

③ 廉思，赵金艳. 结婚是否一定要买房——青年住房对婚姻的影响研究［J］. 中国青年研究，2017（7）：61—67.

④ 李斌，蒋娟娟，张所地. 丈母娘经济：婚姻匹配竞争对住房市场的非线性冲击［J］. 现代财经，2018（12）：72—81.

⑤ 林蒙丹，林晓珊. 结婚买房：个体化视角下的城市青年婚姻与住房消费［J］. 中国青年研究，2020（8）：28—35.

⑥ 李丽慧，韩冰雪. 高房价对城市家庭结构的影响［J］. 许昌学院学报，2013（3）：103—106.

⑦ 郑丹丹，杨善华. 夫妻关系"定势"与权利策略［J］. 社会学研究，2003（4）：96—165.

⑧ 李斌，任津汝，张所地. 婚配竞争压力对家庭住房消费行为的驱动研究——对"婚房竞争"现象的透视［J］. 消费经济，2022（1）：83—96.

和身份排斥性（廉思、赵金艳，2017①；闵学勤，2011②；张海东、杨城晨，2017③）。

5. 青年婚房获取困境。青年对核心家庭和城市生活的认同，使之呈现"去家庭化"意愿和购房进程中的"家庭化"现实相冲突，家庭责任过重和低位的家庭支持相冲突（许中波，2020④）。

二、关于婚房购买与代际关系的研究现状

有学者指出父母资助子女购买婚房，亲子关系更为亲密（钟晓慧、何式凝，2014⑤），家庭呈现"再家庭化"的趋势（钟晓慧，2015⑥），这种趋势是一种家庭的自反性，即家庭成员的某些行为又回到了传统的家庭代际模式（沈奕斐，2010⑦）。与这种观点相反，有学者认为年轻人通过父母的资助，在城市买房结婚，实现个人和小家庭的幸福。家庭关系变得日趋原子化，代际关系变得疏离，这是一种"去家庭化"的趋势。有学者指出中国代际关系中，父母仍然需要帮助子女买房完成婚姻缔结，这样反而加重父母的负担（王跃生，2019⑧）。有学者分析男方购买婚房和女方购买婚房分别对男女双方的夫妻关系和其他家庭关系等产生型塑作用（郭雯，2014⑨）。有学者指出农村家庭成员充分调动经济资源和社会资源帮助青年农民在城市购买婚房，家庭责任伦理是农村家庭实现婚房进城目标的动力（宋国恺、焦艳棠，2021⑩）。

---

① 廉思，赵金艳. 结婚是否一定要买房——青年住房对婚姻的影响研究[J]. 中国青年研究，2017（7）：61-67.
② 闵学勤. 空间拜物：城市青年住房消费的仪式化倾向[J]. 中国青年研究，2011（1）：36-41.
③ 张海东，杨城晨. 住房与城市居民的阶层认同——基于北京、上海、广州的研究[J]. 社会学研究，2017（5）：39-63.
④ 许中波. 当代都市流动青年婚房获取困境[J]. 当代青年研究，2020（1）：81-90.
⑤ 钟晓慧，何式凝. 协商式亲密关系：独生子女父母对家庭关系和孝道的期待[J]. 开放时代，2014（1）：155-175.
⑥ 钟晓慧，何式凝. "再家庭化"：中国城市家庭购房中的代际合作与冲突[J]. 公共行政评论，2015（1）：117-140.
⑦ 沈奕斐. 个体化与家庭结构关系的重构[D]. 上海：复旦大学，2010.
⑧ 王跃生. 社会变革中的家庭代际关系变动、问题与调适[J]. 中国特色社会主义研究，2019（3）：79-87.
⑨ 郭雯. 性别视角下的婚房购买及其对婚后家庭关系的型塑研究[D]. 哈尔滨：哈尔滨工业大学，2014.
⑩ 宋国恺，焦艳棠. 举家体制视角下青年农民婚房进城的社会学分析[J]. 天津大学学报（社会科学版），2021（3）：113-120.

三、关于夫妻关系与代际关系的研究现状

国内关于夫妻关系与代际关系的研究成果较丰富。就夫妻关系而言，有学者从夫妻权力的研究视角出发，发现夫妻权力格局在主观与客观上的测量标准存在较大区别（郑丹丹、杨善华，2003①），权力机制和移情机制影响着家庭资源代际分配，子代家庭中妻子权力越大，子代家庭对父系家长的经济支持越少，夫妻感情越好的子代家庭对父系家长和母系家长的经济支持会越多（郑丹丹、耿金华，2017②）。夫妻在各自家庭中的地位满意度主要来自夫妻之间角色互动的尊重性、包容性以及平等性（徐安琪，2004③）。就家庭关系而言，有学者认为婆媳矛盾的原因在于婆婆和儿媳在家庭事务决策权和家庭经济管理方面存在着责任与义务的重合和交叉，以及代沟和观念上的差异（董凤芝，2000④），婚姻家庭价值观念的利益化衍生了许多夫妻矛盾和代际冲突（徐安琪，2011⑤）。有学者认为转型期中国家庭关系呈现夫妻关系与代际关系双轴并重的格局，居住安排、孝道观念和婚姻质量均对二者何为主轴产生影响（赵凤、计迎春、陈绯念，2021⑥）。

第三节 简要述评：局限与突破

通过文献梳理，我们发现国外学者对家庭关系、夫妻关系的分析比较全面，其分析框架、基本思路、研究方法、部分观点可以借鉴，尤其是马克思恩格斯的婚姻家庭观内容丰富、鞭辟入里，对现代社会婚姻家庭变革的研究起着推动作用。然而婚房购买与婚姻的关联及对家庭关系的影响，毕竟是改革开放后中国才出现的社会问题，外国学者鲜有涉及。因而我们要辩证看待国外学者的研究成果，搞清楚哪些是可以吸收借鉴的，哪些是不能适用于中国国情的，

---

① 郑丹丹，杨善华. 夫妻关系"定势"与权利策略 [J]. 社会学研究，2003（4）：96－165.

② 郑丹丹，耿金华. 女性家庭权力、夫妻关系与家庭代际资源分配 [J]. 社会学研究，2017（1）：171－192+245.

③ 徐安琪. 夫妻权力模式与女性家庭地位满意度研究 [J]. 浙江学刊，2004（2）：208－213.

④ 董凤芝. 经济关系变化影响夫妻关系 [J]. 妇女研究论丛，2000（1）：54－55.

⑤ 徐安琪. 家庭幸福：金钱愈加重要了吗——一项关于家庭幸福观的经验研究 [J]. 社会科学研究，2011（1）：95－102.

⑥ 赵凤，计迎春，陈绯念. 夫妻关系还是代际关系？——转型期中国家庭关系主轴及影响因素分析 [J]. 妇女研究论丛，2021（7）：97－112.

比如，家庭社会学、文化社会学、消费社会学的相关概念、范畴、规律可以用于中国婚房购买与家庭关系的分析，但其结论不能照抄照搬，只是具有一定的启发意义。综观国内研究成果，笔者发现在研究方法的运用、理论分析路径上均做了有益的尝试，丰富了婚房购买与家庭关系的研究范围与研究视域，但在以下几个方面存在不足。

一是在研究视角方面，现有研究成果许多是关于青年婚姻与住房消费的。比如，青年是租房结婚还是购房结婚，婚房购买对青年的心理压力以及对择偶的影响等居多，但研究婚房购买方式（婚前购买还是婚后购买，是女方购买、男方购买还是男女双方合资共同购买）对家庭关系影响的较少。鉴于此，本书笔者认为从消费实践，即婚房购买实践角度探析夫妻关系、代际关系，或能呈现出与时下夫妻关系、代际关系表征研究所不同的结论；在对夫妻关系、代际关系变迁的诱致因素的分析以及提出解决之策的过程中，或可以提供不同的研究路径与分析思路。

二是在研究对象方面，现有研究以夫妻关系、代际关系的成果较丰富，研究婚房购买、租房结婚意愿及其影响的也有不少，但按性别分类研究婚房购买过程及方式对家庭关系影响的文献非常少，若缺乏性别视角，难以确定男方购买婚房、女方购买婚房、共同购买婚房等对家庭关系产生的具体影响。

三是在研究内容方面，对于家庭关系的研究较全面，但缺乏对于家庭成员的互动过程和购房方式对家庭关系影响的深入研究。

四是在数据资料方面，前期相关数据采集、预测多为婚配竞争压力与家庭住房消费行为等，目前关于婚房购买方式对家庭关系产生影响的基础数据和案例分析相对较少，还不足以支撑对这一问题的理论研究和政策分析。

现有研究的不足，正是本书笔者需要深入展开研究的地方。笔者力争从社会性别的视角，综合运用家庭社会学、婚姻经济学、人口学等相关概念、范畴、规律，分析不同的婚房购买方式对婚后男女双方的家庭地位以及家庭关系产生怎样的影响及其原因。

第四节　本章小结

本章为理论综述部分，首先梳理了有关婚姻家庭关系的基本理论，包括马克思恩格斯有关婚姻家庭观的经典论述、婚姻偿付理论、婚姻资助理论、婚姻交换理论、婚姻策略理论等，并指出这些理论中可以用于分析中国婚房购买与家庭关系的相关概念、范畴、规律，以及当前研究中存在的不足之处。其次分析了国内关于婚房购买与婚姻家庭关系的研究现状，包括青年婚姻与婚房的关系，即青年结婚必须有房、青年不一定要有房才能结婚、婚配竞争压力对家庭住房消费行为产生的影响、婚房购买对青年择偶的影响、青年婚房获取困境、婚房购买与代际关系、夫妻关系与代际关系等方面的国内研究成果。最后对这些研究成果进行了简单的述评，指出其局限性和需要突破的地方，理论综述为研究提供思想指导和理论借鉴。

第三章 婚房购买影响婚后家庭关系的机理分析

本章主要从婚姻经济学、家庭社会学、心理学的视角来分析婚房购买影响婚后家庭关系的机理,认为婚房购买通过影响男女双方婚后的家庭地位、谈判能力、婚后经济效应实现水平及家庭内部的分工等进而影响夫妻关系以及代际关系;婚房购买通过影响青年婚姻策略性实践进而影响夫妻关系以及代际关系;婚房购买通过影响性别角色规范性要求与评价、个人的自我发展(人格、心理)等进而影响夫妻关系以及代际关系。

第一节 对婚房购买与家庭关系的经济学分析

一、基于家庭模型的解释

按纳什谈判模型假定,夫妻双方单身时所能获得的最大效用决定了各自的底线及谈判能力。收入是决定底线的最重要的因素。家庭资源配置决策的前提是保证夫妻双方都能获得效用增量,即得到较其底线更高的效用。依据这一模型,夫妻在婚姻中的地位取决于三个因素:一是底线的效用水平,夫妻博弈的结果对底线较低的人不利;二是个人的利他程度即对配偶的关心程度,博弈的结果对更关心对方的人不利;三是谈判能力,这主要取决于个人对家庭的被感知到的贡献,如婚房购买,此外来自家庭外部的亲族或社会支持、社会规范、法律环境、婚姻市场上的性别比例、夫妻双方在家庭决策中承担的角色等多种因素,当然婚姻中的谈判能力也体现着夫妻之间的爱与忠诚。

婚房购买是男女双方及其家庭"实力"的一个重要体现,也是家庭贡献值的一个重要指标,是影响家庭夫妻双方谈判能力的重要影响因素。婚房购买方式即男方购买婚房、女方购买婚房还是 AA 制购买婚房,影响谈判能力,进而

很大程度上决定夫妻双方在婚姻中的家庭地位以及婚后亲属关系的重构，同时对代际关系也有一定的影响。当男女双方的任意一方独自购买婚房，或者在婚房购买中出资较多，都会提高这一方在新建家庭时的谈判能力以及在婚后的家庭地位，甚至改变传统的家务劳动性别分工，形成以这一方为主导的婚后亲属关系重构网络。而另一方由于自身及其家庭经济实力较弱，没有办法单独购买婚房或者在婚房购买中出资较少，则会降低此方在新建家庭时的谈判能力以及在婚后的家庭地位，甚至出现由于资金不到位引发的代际矛盾，比如儿媳对公婆不能提供婚房的不满、丈母娘对女婿的婚房有意见等，或者由于一方收入不高，导致在家庭经济方面获得的效用增量以收入高的一方的减少为代价，这可能导致夫妻矛盾的出现。

二、婚姻偿付、挤压与婚房购买

与婚姻有关的习俗，如婚房由男方提供，可以被视为一种文化现象，从经济学视角来看，这些习俗受着经济动机的强烈支配。贝克尔提出，当婚姻内部的分配存在较大刚性时，嫁妆或聘礼是对婚内分配中受损一方的预先补偿，其数量等于她/他在婚姻市场上的影子价格与她/他在婚姻中所得到的效用的差额。

从人力资本角度来看，新娘嫁入新郎家，直接增加了婆家的劳动力，并且还能给婆家添丁，进而间接增加了婆家的劳动力，但对于娘家而言是一种劳动力的损失，并且女性的性别资本优势婚后呈递减趋势，基于此，男性在婚姻消费中提供婚房以及彩礼被诠释为补偿女方家庭劳动力减少的费用，以及"摆平"女性婚前的性别资本优势。男方提供婚房是人口性别结构变化引起的"婚姻挤压"的结果，也就是说随着婚恋市场上男多女少的大趋势，婚房就是男性为了竞争稀缺的女性资源而付出的代价。

从交换理论的视角来看，人口性别结构比例失衡使得女性在婚姻市场处于优势，掌握着婚姻缔结的主动权和话语权，女方及家庭成员一般会要求男方提供婚房和彩礼等。一般而言，就国内的量化分析来看，人口的性别比例（代表"婚姻挤压"的程度）确实与婚房的提供有着显著相关关系，即男女性别比例的失衡影响婚房购买的社会性别，男多女少的性别结构强化了男方是婚房购买的主要承担者这一传统观念，提高了男方结婚的门槛并加剧了婚姻成本的上涨。从这个角度来看，倘若男方无法提供婚房，要么出现失婚现象，要么由女方购买婚房，那么在以后的婚姻生活中，势必降低男方的家庭地位以及公婆的权威和话语权，引起岳母对女婿无法提供婚房的不满；提升女方的家庭地位和在婆媳矛盾中的话语权。

三、基于经济人假设对家庭关系影响的解释

经济人假设主要包含了两点：其一是完全自利，即经济主体做出的经济决策都符合经济利益最大化原则；其二是完全理性，即经济主体做出的决策必定是所有决策方案中经济利益最大化的选择，是对所有行为结果的最优化考量。基于这一假设，在婚姻关系中的夫妻双方作为完全理性的经济人，他们所做出的行为理应是符合以上两点内涵原则的，夫妻双方的行为与选择符合经济利益最大化的考量，是预测所有行为结果后的最优选项，夫妻双方结合即家庭关系后续发展的决定性因素应视为双方婚后经济效应的实现水平。家庭关系在一定程度上可以视作婚后经济效应实现水平的体现，而婚房购买在现实可量化的层面影响了夫妻双方关系的发展水平。在婚姻关系的进程中，婚房由谁购买，是否能实现夫妻双方经济效应的最大化，在一定范围内可以作为判断夫妻双方关系程度及家庭关系水平的标准。

在现今婚房购买市场中，婚房购买模式可大致分为三种：一是男女双方中的某一方独资购买，即由其中的任意一方单独出资；二是男女双方合资购买，即由双方合力购买，共同承担其后的收益与负担；三是由男女双方家庭合力购买，即男女双方家庭共同承担购置婚房所需费用。婚房购买模式的差异，在一定水平上将会对家庭关系产生影响，是当今社会的一个共识性认识。

男女任意一方的独资购买，对于男女婚后整体经济效益的实现相较于合资购买或由双方父母合力购买而言，其经济效益实现相对较小，在相当的水平和维度内会对男女双方长期关系的发展造成负面影响。如男方独资购买，女方在其中体现出的经济价值较小，她在家庭中的地位势必受到影响，话语权小，在婚姻存续期内，势必处于相应的依附地位，长期来看，会形成男方的相应强势地位；而女方出于对个人经济利益长期实现的考量，会试图寻求个人利益的发展，在一定程度上会形成关系的紧张与停滞。女方独资购买婚房，则会形成与男方购买相似的效应，对家庭关系的发展造成负面影响。

男女双方合资购买婚房，则会带来与上述情境相反的影响，合作型或者AA制的购买模式，在一定程度上兼顾男女双方经济利益，所带来的经济效益更多由男女双方共享，更易形成男女双方的利益连接，增加家庭关系的紧密程度，带来更多的正面影响，从家庭关系长期正性发展角度而言，更容易带给男女双方以经济上的安全感，不易造成男女双方在家庭事务中地位与话语权的失衡。

男女双方家庭合力购买婚房，则在 AA 制购买基础上引入男女双方父母的因素，从短期来看，会减轻男女双方经济负担，但从长期经济效益上看，其经济效益实现水平较差，增加了代际关系的复杂程度，削弱了双方在婚姻关系中的话语权，更易引发矛盾冲突的升级，对双方关系的长期发展有不利影响。

同时，随着行为经济学的发展，对完全理性经济人做出了相应补充，看到了经济主体的有限性，重视社会、心理因素的影响，这一发展也对从经济人角度解释家庭关系提出了新的视角与注解，夫妻家庭关系在有限程度上也必然受到夫妻双方感情因素、代际关系、社会规范、法律法规的影响。但夫妻购买婚房的经济效益最大化仍然可视作对男女双方家庭关系影响的重大因素，因婚房购买而造成婚姻关系走向冲突与破裂的事例在现实生活中屡见不鲜，婚房购买对男女双方在家庭关系中的地位、话语权的影响，乃至引发代际关系的僵局与冲突依然值得关注。

四、"对等性原则"与婚房购买

婚房购买作为一种经济行为，其主体是有着婚恋需求的人群，即处于婚姻关系中的男女双方；但在中国的社会视角下，不可避免地引入了缔结婚姻双方背后的家庭即父母的支持，因而婚房购买在一定的范围内成为婚姻关系成立与否的一项重要内容，婚房购买的成功与否在相当程度上决定了婚姻关系的发展水平，同时，婚房购买也在相当多的情境下表现为男女婚姻双方两个家庭之间的共同性的社会事务交换。

基于社会交换视角的"对等性原则"，在此刻显示出其影响力。基于"对等性原则"即任何情况下的交换都需要得到的与提供的相等或相当，此种情境既可以是发生于两个个体之间的直接交换，也可以是通过许多人产生的间接行为。前面章节所提及的婚房购买模式，恰恰是基于"对等性原则"的社会交换，即婚姻关系中的双方及其背后的家庭都需要通过婚房购买这一行为实现相对平等的社会交换。而基于人口中性别比例失衡这一现状，男多女少已经成为当今中国社会的现实，女方在社会交换情境中实际上处于把握相对主动权的一方，在相当程度上，女方在婚房购买中所提供的支持与男方相比较处于较低的水平，而不会对社会交换的公平性构成挑战，实质在于婚姻关系中女方所承担的风险与责任已经对冲了男方在婚姻关系中所支付的成本，而女方在婚姻关系长期存续期间所支付的隐形成本（生育成本、工作成本、时间成本等）远大于男方先期提供的婚姻成本，女方在婚房购买这一事项上，相对较少的支出则被视作合理，因而女方作为婚恋市场中相对稀缺的一方，有了更大的选择权利。

而在婚姻关系处于相对被挤压地位的男方，基于"对等性原则"则需要在婚姻关系中支付相对于女方而言更大的先期成本（在婚房购买事务中）以期望达到对女方婚姻成本的超量抵冲，以完成婚姻关系的确立与维系。因而在婚房购买这一事务中，男方及其家庭支付相较更大成本，在多数情境下，并不会极大改变婚姻关系中男女双方地位，亦不会改变婚姻关系下的男女家庭分工，男方在婚姻关系中的地位不仅受婚房购买这一事务的影响，他在婚姻关系中的长期超量的经济支出会较大程度上决定他在婚姻关系中的家庭地位及话语权；而女方的相对支出的增长则对家庭关系有较高水平的影响，单就婚房购买这一情境而言，女方及其家庭的支出增长会在纯经济视角下提升女方在婚姻关系中的话语权与家庭地位，在婚姻关系的初期的影响更为显著，而男方在此种情境下其家庭地位及话语权会产生相反的变化，但在家庭事务的分工结构上并不会有结构性与功能性的变化。

同时，值得注意的是，不同婚房购买模式中，更多的家庭支持即男女双方家庭更多地参与到婚房购买中，提供更多的经济支持，引入了代际关系的因素，会带来男女双方婚姻关系的相应变化，如女方家庭投入较大，男方家庭投入较少，女方家庭及女方个人条件相较于男方更具有经济以及社会优势，形成男方攀附婚，在婚姻关系中，就有可能带来男方地位及话语权的相对降低，但男方家庭责任及家庭分工并不会因此变化；而与之相反的模式，在男方及其家庭相对强势的情境下，女方的地位及话语权在多数情况下可能呈现出下降趋势，而双方家庭的过多介入可能对男女双方的家庭关系造成负面影响，有更大的可能导致婆媳矛盾，引发其他更多的家庭矛盾。从"对等性原则"的角度来看，相对不平等的婚房费用支出有扩大家庭矛盾的可能，而相对对等的婚房购买支出更有可能减少婚房购买过程中及之后的家庭关系中的矛盾，促进家庭关系的长期稳定。

五、信号理论视角下的婚房购买与家庭关系

从经济学信息理论视角看，在市场经济条件下存在着广泛的信息不对称，即卖方市场相对买方市场的信息单向相对不透明性，在此条件下商品的质量并不与受买方青睐程度直接挂钩，甚至会出现"劣币驱逐良币"的情况。针对此种情境，拥有较高质量的商品需要通过释放与其价值捆绑的表征以表明自身的较高质量，以获得市场中买方的青睐。

在婚姻市场中，婚房购买将不仅代表男性家庭实力与个人经济实力，实际上成为男性标明自身质量的一个区分标志。因而在此理论的解释范畴内，男性

被天然地以婚房购买能力的高低区分为"核心竞争力""缺乏核心竞争力"两种类型,而女性以自身所具备的外在特征(即外貌、身材、年龄、受教育程度等)区分为"核心竞争力""缺乏核心竞争力"两种。依据婚房购买模式的不同,男方单独购买婚房或在父辈帮助下购买婚房者被归纳为"核心竞争力"类型,而不能单独购买婚房或父辈参与下仍不能单独购买婚房的类型被归纳为婚姻市场中的"缺乏核心竞争力"男性;年轻貌美受教育程度高的女性则属于"核心竞争力"女性,与之相反的则被定位为"缺乏核心竞争力"女性。具有高婚房购买能力的男性在婚姻市场中更易达成婚姻关系的缔结,低质量的男性则与之相反。

论及婚房购买能力对家庭关系的影响则应具体分析。在家庭关系建立初期,"核心竞争力"男性在家庭关系中的家庭地位与话语权相较于低质量男性可能处于相对较高的水平,"缺乏核心竞争力"男性则与其相反;随着男性的隐性品质在长期家庭生活中的显现,家庭关系可能随着男性稳定收入水平的改变出现相应变化。同时应注意到,婚姻市场中的"核心竞争力"女性对于男性短期承诺与担保能力(更低的承诺与担保能力)具有更高的承受能力,因而与其他"缺乏核心竞争力"女性相比,其婚姻关系的缔结不易受男性短期承诺与担保能力的影响,而婚后她们的地位与话语权受男性婚房购买能力影响相对较小。她们并非目光短浅,可能更为看重男性的长期品质,如受教育水平及长期收入水平的提升等。低婚房购买能力男性在家庭关系中可能会处于相对较低的地位,他们对家庭事务的话语权也相对较低,同时可能更多地发生代际关系问题,如引发女方父辈的婚房埋怨,与男方父辈关系较为疏远,丈夫与妻子的矛盾也更易激化等。

第二节 对婚房购买与家庭关系的社会学分析

一、婚姻匹配框架下的婚房购买与家庭关系

婚姻匹配将婚配模式划分为两种类型:同质婚/同类婚/内婚和异质婚/跨越婚/外婚。前者指的是夫妻双方在自致性或先赋性方面比较相似的婚姻;后者则指双方在自致性或先赋性方面差别较大的婚姻。同质婚产生的主要原因包括个人的求偶偏好和外部的结构性因素(家庭或所处群体对个人择偶形成的压力),以及婚姻市场的结构性限制。

就中国而言，家庭背景同质婚即"门当户对"的婚姻普遍存在。在访谈中我们发现，在婚姻中强调教育匹配、家庭背景和门第相对等的价值倾向较普遍，无论是男方购买婚房还是男女合资购买婚房，相似的家庭背景、社会经济地位、受教育程度、年龄等客观同质婚都能促进夫妻关系和代际关系的和谐，提高婚姻质量。家庭关系和谐的关键在于婚姻匹配促进了家庭内部的分工与合作，如男方购买了婚房，女方负责装修、购买家电家具等，这样平衡了男女双方家庭在婚姻消费中的支出，进而促进了男女双方大家庭的和谐。

在中国，跨越婚也是存在的，比如女性往往以年龄、外貌和受教育程度的优势来交换男性的户籍或社会经济地位，试图实现向上的社会流动；再比如经济条件差但年轻貌美的女性更愿意和城市有房产的男性结婚，以换取优越的居住资源。在"男高女低"的婚姻梯度理论中，男性更看重女性是否年轻貌美，是否善于持家；女性更看重男性的经济实力和事业发展潜力。在"女高男低"的婚姻梯度理论中，女性更看重男性是否年轻帅气以及具有良好的品行；男性更看重女性的经济实力和家庭背景，如是否拥有优越的家世，是否拥有房产、存款、豪车等。国外田野研究发现，跨越阶级的婚姻会降低长期婚姻生活的质量。与之相反，国内研究表明，跨越婚可以提高婚姻质量和促进家庭关系的和谐。比如家庭背景"男高女低"的婚姻匹配模式，夫妻感情和代际关系也是幸福和谐的，这与长期以来以男性为主导的父权文化有关，也与婚房由男性购买息息相关。毕竟在这一婚姻匹配模式中，婚房由男方提供，改善了女方的居住条件，甚至改变了女方家庭的社会阶层，进而提升了女方的婚姻质量，在男方的婚姻质量（相比女方）没有下降的前提下，整个家庭关系是和谐的，幸福感是递增的。不过家庭背景"女高男低"的婚姻匹配模式，妻子职业地位较高，收入较高，婚房由妻子购买，家庭幸福感不一定增强，代际关系也不一定和谐，这需要依情况而定。

此外，在中国婚姻领域出现本地婚偏好原则，即青年尤其是城市青年在择偶时偏向于选择本地对象，具有一定的排外趋势，这一现象在上海较为典型，这样使得本地婚竞争激烈，婚姻成本（购房、高档商品等）或彩礼高于外地婚，进而加剧了本地男性在婚恋市场的焦虑情绪，使得性别关系进一步"内卷化"，如网络用语"舔狗"（此处特指两性关系中无下限讨好女性的男性）的出现流行就从侧面反映了这一现象。"内卷式"性别关系、焦虑情绪，以及购房压力和各种生活成本的增加，加剧了夫妻婚后生活的家庭权力的不平衡和"冷暴力"以及各种家庭矛盾的产生。比如，一方面"性别内卷文化"和"作文化"趋势的出现使家庭权力逐渐向妻子一方倾斜，使得妻子逐渐掌握家庭中的

经济大权,在婚后生活中对丈夫各种挑剔,甚至"冷暴力";另一方面房贷、车贷等压力让丈夫产生焦虑、心理恐慌、情绪烦躁,甚至出现人际关系紧张、睡眠饮食障碍和强迫行为等,然而妻子并不理解丈夫的难处,继续内卷丈夫,最终产生夫妻矛盾甚至导致离婚。再比如,出现女卷男的风潮,使得女性默认男性就应该无下限讨好自己,给自己买车、买房,甚至给自己的父母、兄弟姐妹购房,这将导致婚后夫妻之间、姻亲之间关系的紧张。

二、社会转型、婚姻策略与家庭关系

场域、惯习与策略是布尔迪厄实践理论的三个重要分析性概念。场域是由各种客观位置组成的关系网络;惯习是一种"积淀"在个人身体内的由一系列历史关系构成,以各种知觉、评判和行动为表象的身心图式,是一种根深蒂固的性情倾向;策略是实践意义的产物。布尔迪厄认为婚姻是一种策略的产物,即行为者因人、因事、因情形不断调整其行为的过程,是一种"旨在获得最大化和象征利益的策略系统",其本质是权力结构、社会阶级与整个社会秩序的再生产。

社会主义市场经济体制改革使中国社会经历着史无前例的变化,社会的转型重塑着人们的生存场域与习性,影响其婚姻策略的选择。社会主义市场经济经过四十多年的发展,使中国经济快速增长,完成脱贫攻坚和建成小康社会的巨大任务,社会正逐步迈向中等收入阶段。在具有现代性的城市社会中,消费主义、物质主义、拜金主义和极端利己主义的传播与扩散冲击着人们的传统价值观念,市场化激活了城市青年差异化的经济能力,导致收入分配差距扩大,两极分化矛盾凸显,社会阶层日益分化。城市青年经济的分化及其家庭在社会阶层中的分化,重塑着城市婚姻场域与惯习,并影响着城市青年的婚姻策略性实践。具体而言,婚姻市场上男多女少的性别结构和城市青年生存的巨大压力导致婚配压力增大,城市青年及其家庭根据婚恋市场的性别结构以及城市生存环境的变化进行婚姻策略调整,在择偶上更加注重对方的经济能力、家庭条件、社会资源等,"门当户对"的婚恋观在现代城市社会再次流行,比如女方要求男方提供婚房、彩礼等,使其婚姻缔结符合家庭利益,以确保家族的物质和象征资本的最大化。家庭条件差的男性有可能因为无法提供婚房而在市场竞争原则的挤压下边缘化,最终淘汰出局。

布尔迪厄把婚姻的实质理解为"经济场域",其婚姻策略主要聚焦于经济利益,即便是"高攀婚姻"也是为了追求"最大物质和象征利润"。依据布尔迪厄的婚姻策略理论可以推测,部分家庭经济条件差的男性在女方提供婚房的情况下也能顺利结婚，但婚后夫妻关系以及代际关系不一定和谐，因为"女高男低"的婚姻难以确保女方的家庭利益和女方家庭所处阶层的再生产，甚至出现由于婚姻导致女方社会阶层跌落的现象。当然，基于真爱的婚姻缔结应排除在外。

三、代际责任、婚房购买与代际关系

在中国父系家庭体系下，父母特别是男方的父母有责任和义务为子代提供经济资源来促其成婚。虽然城市传宗接代、香火延续的思想不断淡化，但父母仍然从情感和责任上要为儿子或女儿准备婚房，促其成婚，实现后代的延续。为适婚年龄的儿女提供经济扶持，如婚房、彩礼（男方）、嫁妆（女方）等，帮助儿女缔结婚姻成为部分城市父母的伦理责任和人生任务。从社会伦理的视角来看，很多父母深度介入子代的婚姻大事，为儿女提供必要的婚姻资助，对儿女的婚恋对象进行考察、评价和给出必要的建议，部分父母甚至直接干预和左右儿女的婚事。

目前大多数家庭在选择子女婚恋对象时都比较注重对方的经济条件、声望地位等，以满足家族利益和面子再生产。若对方的经济条件较差，特别是男性无法提供像样的婚房、彩礼、贵重商品等，女性会感觉自己在亲戚、朋友、同事面前抬不起头、丢了面子，更谈不上炫耀伴侣的家世、财富和社会地位了。部分家长甚至打着为子女着想的旗号，深度介入和干预子女的爱情婚姻，为子女介绍对象，此时家庭经济条件往往成为他们筛选未来女婿和儿媳的主要标准，特别是对于要娶媳妇的家庭，房子、车子、彩礼等婚备消费的标准不断抬升。在炫耀心理、面子心理诱导下，在虚荣心的驱使之下，部分女性不顾男方家的经济条件和支付能力，为了显示自己的身份和地位，向男方提出一些不切实际的婚备要求，并以此作为缔结婚姻的筹码，这无疑会导致婚后夫妻关系、婆媳关系的紧张；部分女性仅凭感觉就觉得男性提供的婚房、彩礼、名贵时髦商品赶不上城市的"婚备消费竞赛"，如婚房面积小了、位置偏了、是二手房不是新房等，而与婆家产生家庭矛盾，甚至出现"闪婚闪离"的现象。

在婚房购买上，儿女一般难以独立购买，常常通过与父母的合作来购买婚房，在购房过程中，父母物质上的扶持和精神上的鼓励加强了亲子关系，这有利于婚后和谐家庭关系的形成。尤其是当男女双方家庭合作为子代购买婚房时，加强了姻亲间的沟通交流和经济合作，有利于婚后良好家庭关系的形成。当然，对于家庭经济条件较差的城市青年而言，他们的父母无法为儿女提供物质帮助，尤其男方父母，当他们无法帮助其儿子购买婚房时，他们则希望自己

未来的儿媳有经济能力承担起购房养家和传宗接代的责任。有些父母甚至敦促女儿利用性别资本优势,搜寻家庭经济条件好、自身能力强的优质男性缔结婚姻,帮助他们养老。当男方无法购买婚房,通过选择入赘或其他方式缔结婚姻完成传宗接代的大事,那么一般而言姻亲关系较为疏远,男性父母与入赘男性的亲子关系也较为疏远。当女性能够调动的经济资本较少时,她们会听从父母的建议,运用现有的性别资本优势在婚姻中获得利益。由利己的工具理性所主宰的婚姻极其不稳定,很容易产生婚外情,影响夫妻关系和代际关系的和谐。

第三节 对婚房购买与家庭关系的心理学分析

一、社会角色、性别角色视角下的婚房购买与家庭关系

从社会心理学角度对婚房购买这一现象对家庭关系的影响予以分析,则更应关注社会(性别)角色对婚房购买的影响及它对家庭关系的影响。性别角色是个体在社会化进程中逐渐形成的与生理性别相适应的性别规范;社会角色则是在社会化进程中对个人的社会化规定,更多地明确了个人的角色与社会责任。性别角色的相应性别规范对婚姻关系中的男女性有更为显著和明确的规定性因素,如多数情况下,男性在性别角色的概念下更为注重对家庭的责任以及对家庭的显性贡献(如婚房购买、彩礼的提供、家庭开支的供给等),而女性角色的要求与男性角色相比更为注重对家庭的隐性贡献(如生育、子女教育、家务等)。

根据相关研究的数据,我国西南地区已婚家庭中的成年人中,性别角色模糊的占比达到二分之一,单性别角色占比达到三分之一;性别角色的分化在西南地区已婚成年人中分化与发展并不完全,发展的健康水平较低。

具体到对婚房购买的影响以及对婚后家庭关系的影响,性别角色发展水平较高的人群具有相对而言更为符合性别角色规范要求的婚房购买模式与家庭关系,其家庭关系发展的健康水平也更高。

在现今的婚房购买模式中,男性及其父辈购买婚房的模式无疑更为符合男性性别角色的要求,即在婚姻关系中承担更多的经济义务与责任。其中,男性单独购买婚房的模式与在父辈支持下的婚房购买模式相比,男性性别角色的发展更为完善。据此推论,不难得出男性性别角色发展更为完善的男性在婚姻关系中的吸引力要显著高于性别角色模糊的男性。而以婚房购买作为性别角色发

展的中介变量的话，显然单独购买婚房的男性也能拥有相对更为健康的家庭关系，更为符合社会对婚姻关系中男性的要求与规范，也符合女性对完美丈夫的画像。不过男性单独购买婚房的模式不会改变中国传统的家庭分工结构，在家庭事务中男性必然处于强势地位，也拥有相较于女性而言更大的话语权。

而女性性别角色的社会规范使得社会对婚姻中女性的评价更偏向于被动的承担者，或者是"贤妻良母"的传统形象。在此种模型下，女性购买婚房与否并非评价女性性别角色发展水平的关键性标准，而他们能否在家庭事务中担负起的照顾丈夫、孝敬公婆、抚育后代的责任则成为评价的关键，在婚房购买中提供帮助或直接提供婚房，可能相应地消减丈夫或者其父辈家庭的话语权，使丈夫的家庭地位出现相应的下降，可能对丈夫是否实现个人价值与家庭价值的评价造成负面影响，增加了传统家庭关系中不稳定的可能。女性在家庭关系中的相对平等地位与更多的话语权则有可能为代际关系的矛盾的引爆提供"导火索"，也更易引发对男性的"婚房埋怨"。

因此，综合看来，在性别角色的规范化要求下，婚房购买模式的不同对男性实现婚姻，建立稳定的家庭关系具有更大的影响，男性购买婚房对于家庭关系的健康发展具有决定性的作用。

二、进化心理学视角下性选择理论与婚房购买

人类社会的发展过程中虽然已经脱离了动物进化繁衍的传统范式，但人类的繁衍婚配仍旧受到埋藏于基因深处信息的影响，在人类的婚姻关系中体现为对婚姻对象的选择。性选择理论指出，在自然界，男性比女性面临强度更大的"性选择"，在与生命最基本的种系繁衍具有核心关联的求偶过程中，男性比女性面临更激烈的同性竞争。单纯从动物择偶的标准来看，择偶是以另一半是否更具有相应性别的特征为标准，如雄性是否更为强壮，有更为艳丽的色彩等，雌性是否更为年轻，是否具备更为优质的生育特征等。

择偶的标准体现在具有浓烈社会性色彩的人类中时，标识优秀基因的特征就发生了相应的嬗变，至少相应地分化为了两个大的类别。其一是男女性个体的外在特征，即男性是否高大帅气，女性是否年轻美丽，这一外在特征对于具有婚姻需求的男女性而言较好评判。其二是男女性所拥有的资源量，对于男性而言可以视为获得收入的制约因素；对于女性而言，女性作为生育的主体，在家庭中的价值不仅仅受收入水平的影响，她的自身条件，如外貌、学识等直接影响繁育后代。因而对于适婚人群而言，执行何种策略以谋求更大概率获得婚姻与生育的机会，就显得尤为重要。将上文中两类特征予以区分，可以大致分

化为以下几类策略,即展示外在特征、展示占有的社会资源、两者相结合即展示自身外在特征与占有的社会资源。显而易见的是,既具备良好的外在特征又占有足够的社会资源的人群更易获得配偶,完成婚姻与生育。同时,在人类社会的婚姻选择中,女性在多数时段作为具有繁衍后代能力的主体,其实具有相应的主动选择权,其婚姻策略的重心则更集中在展示其外在特征,即是否年轻美貌,具备更强的生育力,而女性占有的社会资源在大多数情境下只能作为其择偶吸引力的加分项,而不能成为婚配成功与否的决定项;而男性作为婚姻市场中相对被选择的一方,就需要使用展示占有的社会资源与外在特征的策略以谋求更高的婚姻与生育成功率,如若其外在特征相较于多数男性不具备优势,那么展示占有的社会资源就成为必然的选择,在社会资源的展示过程中,拥有的财富就成为男性资源展示的最好标准,而婚房作为财富的重要形式,也就成为对适婚男性挑选的重要条件。拥有婚房的男性,从基因传递的角度来看,具备了更强烈的雄性特征,对于异性而言具有更强的吸引力,自然在择偶时具备相应的优先权;而未能拥有婚房的男性,其婚姻的过程就必然面临更多挑战。

因而总体看来,从进化心理的角度来看,婚房的购买与婚姻关系的成立与否具有一定的相关性,特别是对于男性而言,婚房购买对于婚姻关系的成立与否具有更大的相关性。一般而言,男性购买婚房有利于婚姻的缔结,同时也有利于婚姻的稳定。

三、发展心理学视角下的婚房购买和婚姻关系的发展

从发展心理学的角度出发对婚房购买与家庭关系的发展进行分析,可以看出婚房的购买与婚姻关系的发展实际上是个人自我发展的需要,是建立稳定的关系、体现个人价值的需要。埃里克森的自我发展理论指出,个人心理与人格的发展具有阶段性的特征,在适婚的年龄阶段,也就是18~40岁的年龄阶段,人的心理发展需求是对孤独的排斥与对获得亲密感的追求,渴望建立成熟稳定的亲密关系。马斯洛需求层次理论也指出,人类自身的发展需求具有阶段化和层次化的特征。

婚房作为财富的象征,一方面是个人生存与安全感获得的基本需要;另一方面因为其高价值,又能在一定程度上体现出个人的社会价值,有助于建立稳定的婚姻关系。婚房在一定程度上是个人事业与价值的体现,婚房在中国的社会环境下,一方面具有极高的经济价值,另一方面又与教育、户籍等绑定,具有极高的使用价值。首先,婚姻中的双方通过购买婚房这一行为,为新家庭的建构提供了最基础的条件,即生存与活动的基本环境,实现了最基本的安全需

要。其次，婚姻中双方购买婚房，为亲密关系的建立提供了稳定的物质与精神条件，婚房的高价值特性联接了婚姻中的双方，其价值属性使得婚姻双方高度捆绑在一起，使男女双方获得自身价值实现，也能通过同配偶一起完成婚房购买这一事项实现亲密关系的升级。最后，婚房的购买，在一定程度上使得婚姻关系中的双方同各自的原生家庭相切割分离开来，实质上从原生家庭之中独立出来，组建了新的家庭关系，在这一过程中，男女方与各自的原生家庭联系减弱，能够将各自的关系重心投注到新家庭之中，进而实现自身对于亲密关系发展的迫切需要，完善各自的人格与心理。

在现今的市场化浪潮下，婚姻关系这一亲密关系的实现与发展强烈依赖于现实物质条件的实现，个体对于自身人格发展的需要与自我价值的实现需要物质作为最基础的安全保障。婚房购买这一社会现象对婚姻关系的发展带来了不容忽视的影响，同时也因其保障性功用，成为婚姻关系健康发展的催化剂。诚然，婚房购买在相当程度上提升了婚姻关系建立的难度，影响了相当数量婚姻关系的健康发展水平；但也应看到，婚房购买作为中国社会相当长历史时期内存在的影响婚姻关系的社会现象，实际上促成了婚姻关系中男女双方的人格成熟与发展，使得新的家庭关系在旧有的基础上得以产生与发展。婚房购买成为婚姻关系不能回避的环节，它所承载的财富与所提供的生存功能为家庭关系的发展提供了土壤。

第四节　本章小结

本章主要从经济学、社会学、心理学的视角来分析婚房购买影响婚后家庭关系的机理，包括：一是婚房购买方式即男方购买婚房、女方购买婚房还是男女双方 AA 制购买婚房将影响谈判能力，进而较大程度上决定夫妻双方在婚姻中的家庭地位以及婚后亲属关系的重构，同时对代际关系也有一定的影响；二是男性在婚姻消费中提供婚房以及彩礼被诠释为补偿女性家庭劳动力减少代价的费用，是人口性别结构变化引起的"婚姻挤压"的结果，是男性为了竞争稀缺的女性资源而付出的代价，倘若男性无法提供婚房而是由女方购买婚房，那么在婚姻生活中男方的家庭地位以及公婆的权威和话语权势必会降低；三是夫妻双方的行为与选择符合经济利益最大化的考量，通过购买婚房能否实现婚后经济效益最大化将对夫妻双方家庭关系产生重大影响；四是从对等性原则的角度来看，相对不平等的婚房支出有扩大家庭矛盾的可能，而相对对等的婚房购

买支出更有可能减少婚房购买过程中及之后的家庭关系中的矛盾,促进家庭关系的长期稳定;五是在家庭关系建立初期购房男性的家庭地位与话语权相较于其他男性而言处于较高的水平,但随着男性的隐性品质(受教育水平、脾气、人品等)在长期家庭生活中的显现,家庭关系可能随着男性稳定收入水平的改变出现相应变化;六是婚姻匹配促进了家庭内部的分工与合作,如男方购买了婚房,女方负责装修、购买家电家具等,这样平衡了男女双方家庭在婚姻消费中的支出,进而促进了男女双方大家庭的和谐;七是若以婚房购买作为性别角色发展的中介变量,那么单独购买婚房的男性在择偶时具备相应的优先权,婚后拥有更为健康的家庭关系。

第四章　男方购买婚房对婚后家庭关系的影响

从中国的传统观念来看，男性是婚房购买的主力，是社会赋予的角色和身份特征，同时也是现代社会性别挤压情境下的无奈选择。这一社会角色和分工对男性而言是责任义务，男方购买婚房被看作是天经地义的事。当前对婚姻物质需求日益剧增的消费社会里，部分青年女性希望男性借助具体的经济和物质资源，如房子、彩礼等来兑现与婚恋相关的承诺，即便是家境殷实的女性，也仍然希望男方可以提供婚房。一般而言，男方购买婚房与婚后的夫妻关系和代际关系没有关联，不过在一定条件下男方购买婚房对婚后的夫妻关系和代际关系有一定的影响，但影响较小，夫妻之间的矛盾、代与代之间的矛盾更多的是由于家庭琐事纠纷所致或者经济利益纠纷所致，与男方购买婚房关联不大。

第一节　男方购买婚房对夫妻关系的影响

一、提高婚后丈夫的家庭地位和话语权

相对资源论认为个人资源较雄厚者，包括教育程度高、个人及家庭背景好、职业阶层或收入较高者、对家庭的经济贡献较大者，结婚后其家庭地位较高，在家庭决策中往往更容易拥有更大的话语权。婚姻需求和依赖理论认为，在婚姻生活中爱得更深和更需要婚姻的一方，在经济和感情上也更多地依附对方，往往为了保住婚姻家庭而迁就顺从对方，进而自觉自愿降低家庭地位，失去家庭决策中的话语权。通过婚房婚前由谁购买可以看出婚前个人及其家庭背景的好坏，可以看出个人收入的高低，以及预测出个人对婚后家庭的经济贡献的大小，这些都属于个人资源，可以用资源假说来解释。一般而言，购房的一方体现出自身和家庭强大的经济实力，可以显著提升婚后的家庭地位和话语权。课题组通过问题"您认为婚房由谁购买将会影响婚后家庭地位吗"的调查

发现，53.3%的人认为婚房由谁购买将会影响婚后家庭地位，其中51.5%的人明确表示购房方在婚姻生活中将拥有更大的话语权，43.7%的人认为婚房由谁购买不会影响婚后家庭地位，只有3.0%的人表示不确定。

马斯洛的需求层次理论认为人类需求从低到高分别为生理、安全、社交需要、尊重和自我实现。自我实现是最高级别的需求层次。一般而言，男方购买婚房可以实现男性尊严和自我价值，实现自我认可，赢得家人以及社会的认同，进而提高婚后丈夫的家庭地位和话语权，产生心理上的满足和骄傲。而从中国传统文化的角度出发，由男方购买婚房，支付婚庆开支，是男性的义务与责任，男方成功购买婚房，支付婚庆成本，也能极大地获得社会认可和男性的尊严。不过也有例外，比如男方个人经济实力较差，不能通过个人努力完成婚房的购买，必须完全依靠其父母出资购买婚房，在这种情况下男方购买婚房并不能使他感到自豪与骄傲，也不能实现其个人价值，因而婚房购买与男性的家庭地位及对家庭事务的话语权并无多大的关联性。此时男性的家庭地位与话语权更多地与他在婚后家庭中的具体表现以及个人品德等长期素养相关。按照资源假说，家庭决策权取决于夫妻双方所占有的资源总量，往往资源多的一方能够拥有决策权。不过随着社会的发展，家庭地位和话语权更多地取决于夫妻双方的心理博弈，尽管夫妻双方都具有独自的经济能力，经济实力相当，但家庭话语权会更偏向心理博弈占优势的一方。而在夫妻双方经济实力悬殊的情况下，家庭话语权将会天然地偏向经济实力占优势地位的一方，比如在男方单独购买婚房的情境下，男方的收入水平远高于女方，那么男方就有更大概率获得更高的话语权与家庭地位，女方的收入水平（女方不购买婚房）远高于男方的话，也会产生与此相似的情境，即获得更高的家庭话语权与家庭地位。

"买婚房本来就是男方的事，是属于我们男人的责任和义务，虽然我家里经济条件不好，资金有限，但我还是贷款买了一个小房子，我老婆和岳父母都很高兴，他们对我的努力是认可的。"（1-XXL）

"买婚房一直是由我家全权负责的，她家没操一点心，虽然我家并不富裕，但总算有了自己的房子，有了自己的一个家，我很有成就感、自豪感。"（2-WJ）

"我老婆在婚前就希望能有自己的一套房子，她坚决不同意和公婆住在一起，怕引发家庭矛盾。后来我通过自己的奋斗，总算贷款买了一套房，老婆很高兴，我也很高兴，感觉婚后我的家庭地位提高了。"（3-LM）

在中国社会，男方是婚房购买市场中的主力军，形成这种现象的经济因素主要为男方收入与女方收入之间的不平衡，即男方收入普遍高于女方收入，但不容忽视的是传统的婚姻观念也对男方购买婚房产生了相应的影响，即男方如果不能购买婚房，在社会评价中就容易抬不起头，男方自身也会感觉不光彩，因而整个社会都将婚房购买视作男方及其家庭的在婚姻关系中的责任与义务。虽然部分男性及其家人改变了原有的认知模式，接受女方在婚房购买中出钱出力或者女方购买婚房，但仍旧不是中国婚房购买的主流模式。同时我们从对个案的访谈记录中发现，受传统的婚恋观念影响，尽管房价较高，但男方依然希望通过自身努力和其家里人的帮扶完成婚房购买这一人生大事，得到外界的认可，为以后的幸福生活奠定物质基础，部分男方家庭表示希望女方家庭在婚房购买上也能出钱出力，甚至表示接受女方家庭赠房。总之，男方购买婚房对于男性而言，会极大地满足其自尊心，提升个人的价值，也会在婚姻关系中提升男性的家庭地位与话语权。

二、没有改变家庭事务传统的性别分工

虽然男方购买婚房可以使他在婚恋市场上更自信，可以提高和增加婚后丈夫的家庭地位和话语权，但并未改变家庭事务传统的性别分工，甚至由于男方购买婚房使他顺利完成了在婚姻缔结过程中的责任与义务，进而使得家庭事务传统的性别分工更为稳定。依据社会性别角色理论，两性在家庭事务的分工主要依据工作特质和情感特质的性别角色印象，比如男性应该更多地参与到社会交往，女性则应更多地抚育后代、照顾家人，因而从理论上讲男方购买婚房与家庭角色分工并无实质性的关联。受传统观念和性别角色刻板印象影响，现代社会男性仍然扮演着养家糊口的主要角色，其工资收入依然是家庭经济的主要来源，而女性的重心则放在家里，主要表现为从事家务活动、照顾家庭成员，鲜有女性将个人事业的发展视作生活的重心，即使参加工作，婚后的女性也将工作闲暇时间的长短视作参与工作的必要条件（如女性偏好于休息时间稳定、更具有保障性的事业单位工作），具体情况见表4—1、表4—2、表4—3。通过表4—1、表4—2、表4—3，我们发现，在男方购买婚房的家庭中，没有任何一个丈夫独自承担家务，与其相反，妻子独自承担家务的比重较大，分别占20%（访谈男性）和22%（访谈女性），夫妻协商承担家务是男方购买婚房的家庭中的主要模式，分别占70%（访谈男性）和68%（访谈女性），且在夫妻协商中，以女性承担家务为主，男性为辅，绝大多数男性每日家务劳动时长集中在1~2小时。而女性则集中在2~3小时，此外在访谈中我们发现，个别丈

夫从未帮助妻子（"全职太太"）分担任何家务。

表4-1 家庭家务（男方购买婚房）承担调查情况

选项	访谈人数（男）	百分比（%）	访谈人数（女）	百分比（%）
丈夫独自承担	0	0	0	0
妻子独自承担	4	20	5	22
夫妻协商承担	14	70	15	68
雇人承担	1	5	1	5
自觉承担，谁有空谁做	1	5	1	5
总计	20	100	22	100

注：为准确、全面地反映家务承担情况，调查组既调查了家庭中的男性，也调查了女性。

表4-2 丈夫帮妻子分担家务的情况调查

选项	百分比（%）
经常	48.8
偶尔	39.4
从不	5.5
其他	6.3
总计	100

表4-3 家务劳动（男方购买婚房）实践调查

劳动时间	男	百分比（%）	女	百分比（%）
1小时以下	1	5	0	0
1～2小时	14	70	5	22
2～3小时	4	20	15	68
3～4小时	1	5	1	5
4小时以上	0	0	1	5
总计	20	100	22	100

这种"男主外、女主内"的家庭角色分工不利于女性经济地位的提升，进一步拉大了财富占有的性别差距，因为现代社会绝大多数女性的家务劳动是只

具有使用价值而不具备交换价值的无偿劳动。不过随着社会变迁,越来越多的女性进入职场,双薪家庭成为社会趋势,这意味着女性不仅要操持家务,还要步入职场挣工资,减轻家庭负担,这使得女性在家庭分工中"主内"的刻板印象逐渐得以改观。随着社会大众对女性的刻板印象的改观,人们也越来越认同家庭角色分工不是由性别差异导致,而是由生产效率导致,比如夫妻双方谁挣钱多谁就负责养家,挣钱少的就负责照顾家庭;两人都挣钱多,就雇佣保姆做家务;如果两人挣的钱都不多,那就共同承担家务。此外,家庭角色分工还受个人兴趣爱好等因素影响,比如部分女性喜欢做家务、带孩子,在做家务、带孩子的过程中感受到精神上的愉悦。需要说明的是,家庭分工与家庭地位、家庭话语权没有必然的联系,比如家庭主妇在家庭角色分工中"主内",但并不意味着其家庭地位一定很低,家庭话语权一定很弱。四川地区的"耙耳朵"现象就很好地证明了这一点。当前随着性别平等意识的发展和女性劳动参与率的逐年提升,"女主外、男主内"的模式在部分家庭中也开始出现。

> "婚房是我老公全款买的,我们两人都要工作,家里的家务主要是我做,但他有空也会自觉分担些。家务事与谁买的婚房没有多大的关系,与人的性格爱好和家庭责任感有很大的关系,有些男的就爱做家务,比如爱做菜,有些男的天生就勤快,责任感很强,这与经济因素关系不大。"(19-HXJ)

> "我家里的日常家务基本由我老婆负责,因为她不上班有时间嘛,我主要负责赚钱养家。我们家的分工是典型的男主外、女主内,我老婆也很辛苦,做家务和看娃娃一点也不比在外面工作轻松,所以我也很尊重她。"(8-HY)

因而总体看来,男方购买婚房并不会对家庭事务传统的性别分工产生实质性的影响,家庭事务的分工仍然受到中国传统的"男主外,女主内"模式的影响。事实上,家庭事务的性别分工主要受男女双方的生产效率和收入水平影响,在性别收入水平差异巨大的情况下(这里指男性平均收入水平远高于女性平均收入水平),"男主外,女主内"的家庭事务因性别分工的传统布局仍然将会广泛存在;而具体到影响性别分工的其他因素,则是由男女方的性格、喜好等情感因素决定。

三、对夫妻平等的家庭生活自主权的影响

一般而言,家庭生活自主权包括个人消费自主权、工作和学习自主权、业

余爱好自主权、社会交往自主权、性和生育自主权。家庭生活自主权主要与个人能力以及收入因素有关，与男方购买婚房无多大的关联。即夫妻双方只要经济独立，都有稳定的工作和收入，就有自由支配金钱的权力，在家庭事务中就拥有平等的生活自主权，如在换工作、购物消费、要孩子、外出旅游、投资、买房、外出培训等方面的自主权。男方购买婚房对夫妻平等的家庭生活自主权影响较小。男方购买婚房体现的是对女方的短期承诺与保障，是对女方婚后生活的一种保障，更多地与男方个人价值及自尊的实现相关，在家庭生活的自主权方面，女方的经济实力与个人能力的大小更多地决定了其自主权的水平。男女双方的自主权水平在各自拥有稳定的工作和收入的情况下，主要表现为以下几种模式：拥有相对稳定工作和固定收入的妻子能够决定自身的财产支配，在与丈夫的相处中获得平等的生活自主权，不易受到伴侣的过度干涉；丈夫在面对经济能力和实力相当的妻子时，由于双方的工作能力和经济收入差距较小，夫妻双方更多地共同承担家庭开支，女方能够更多地决定开支的方向，男方从实力的角度出发，将会尊重妻子的自主权；当夫妻间的工作能力和收入水平相差悬殊时，情况则有可能发生变化，即妻子的家庭生活自主权可能会受到一定的影响，但因此而丧失自主权的也是极少数，多数情况下，妻子的自主权只是受到一定程度的限制，但仍有较大的自主权。

在与受访者交流的过程中，我们发现现代社会夫妻注重以个体为本位的夫妻间的情感因素，夫妻双方都具有独立的人格，大多数受访家庭夫妻二人都有自己的工作和工资，在财务和社交方面互不干涉对方的消费和社会交往，在换工作、购买贵重物品、投资、孩子升学就业等方面夫妻会一起商量决定，在生孩子尤其是二胎、三胎方面也会一起商量决定，在对方同意的前提下会参与对方朋友、同事的聚会，融入对方的朋友圈。购房男性家庭事务决策情况见表4—4。

表4—4 购房男性家庭事务决策情况调查

项目	丈夫（%）	妻子（%）	夫妻协商（%）	总计（%）
投资	20.2	13.5	66.3	100
外出旅游	23.1	11.3	65.6	100
要孩子	10.8	10.6	78.6	100
孩子的升学或就业	5.2	6.4	88.4	100
日常开支	6.5	58.2	35.3	100

续表4-4

项目	丈夫（%）	妻子（%）	夫妻协商（%）	总计（%）
购买高档商品	10.5	24.2	65.3	100
换工作	36.5	18.2	45.3	100

通过调查我们发现，婚后夫妻呈现出一种很自然的生活方式，与男方是否购买婚房毫无关联，大多数男方不会因为自己买房就对女方的生活方式进行过多干涉，抑或对女方的合理经济支出横加指责。女方也不会因为男方买房而感恩戴德，在当前的社会评价标准下，她们会更多地认为男方买房是本应尽到的责任与义务，更不会因此去改变自己的生活方式来迁就男方及其家人。即便女方没有工作收入，不能为家庭提供经济支持，女方凭借着女性性别资本优势（凭借婚恋市场上男多女少的现实或者婚恋策略、习俗等带给女性的额外利益）也能带来家庭生活中地位与话语权的补偿，不会认为自己在婚姻关系中低人一等，反而大多数受访家庭夫妻双方仍然以一种平等的地位自由相处，互相帮助，彼此欣赏，取长补短、共同进步，女方的家务劳动的价值也逐渐得到社会认可，传统的"男尊女卑"的社会特点逐渐式微。部分受访女性也强调，她们独立自信，拥有自己的事业，根本不想占男人经济上的便宜，不会因为男人买婚房就失去在两性关系中的平等的话语权。在调查和访谈中我们还发现，男方经济条件好，购买婚房对婚后生育权的决定有一定的影响，比如男方及其父母想让女方生育一胎、二胎或三胎，女方也会考虑男方家的经济条件同意生育，在此情境下，购买婚房的男方的经济条件对生育权的影响权重更高，可以视作生育权的决定性因素，当然倘若女方实在不愿意，男方也只能就此作罢。但倘若女方经济条件好，购买了婚房，女方对婚后生育决定权的影响将大于男方在同等情况下的影响，毕竟生孩子对女性个人学习、工作、生活乃至个人发展的影响远大于男性。

"我跟我老公两人都在高校上班，我们的财务是自由的，也就是谁的钱谁管，爱怎么消费就怎么消费，谁也管不了谁，只有在换车、购房等重大事情上商量决策，以便共同出资，这跟谁买的婚房没有多大关系。"（19-HXJ）

"婚房是我父母出首付买的，我的工资用来还贷，我老婆主要负责买菜和其他生活用品等日常开支，我们互相不干涉对方的消费和社交，大件商品我也会出钱买。"（4-CL）

"我没有工作,主要在家做家务和照顾小孩,我老公会主动给我生活费用,同时他也会主动承担一些家务。他时常体谅我的难处,并没有因为我没工作而嫌弃我,干涉我的生活。"(21-SXL)

从访谈的内容可以看出,男方购买婚房对于夫妻平等的家庭自主权的影响微乎其微,在大多数家庭中,夫妻双方基于相近的个人能力和经济实力,都拥有平等的家庭自主权,在消费方面基本也处于谁消费谁买单的状态,且夫妻之间对正常的消费与人际交往基本互不干涉,在面对家庭事务时也大多采用协商平等的模式处理解决。因而,男方购买婚房并不影响夫妻平等的家庭自主权,夫妻双方的自身的能力和经济实力才是决定夫妻相处时自主权的关键。

四、男方购买婚房对夫妻矛盾冲突的影响

婚姻成本及支付一般包括现金及各种物品的投入,广义的婚姻成本也包含情感的投入。婚房购买是婚姻缔结过程中一项重要的支付。夫妻关系是由婚姻缔结联系起来的男女契约关系,以感情和伦理得以存续。影响夫妻关系的主要因素包括双方的经济状况以及发展状况、个人性格、生活习惯、兴趣爱好、价值观等,具体见表4-5、表4-6。

表4-5 维系夫妻关系的因素

选项	百分比(%)	有效百分比(%)
子女	31.3	31.3
经济	28.6	28.6
爱情	13.2	13.2
舆论	5.8	5.8
道德	12.0	12.0
其他	9.1	9.1
总计	100	100

表4-6 夫妻关系影响因素调查

影响因素	百分比(%)	有效百分比(%)
感情淡化	29.2	29.2
性格不合	15.6	15.6
婆媳矛盾	3.2	3.2

续表4-6

影响因素	百分比（%）	有效百分比（%）
对方有第三者	25.5	25.5
生理缺陷	1.0	1.0
不满对方经济条件	18.0	18.0
生活习惯差异	2.5	2.5
其他	5.0	5.0
总计	100	100

居住环境条件和夫妻生活是人们对家庭生活的重要追求，居住环境、条件是影响婚姻生活满意度的最重要因素。1979年，Lewis and Spinier界定了婚姻满意度，即物质生活满意度、躯体愉悦满意度、夫妻调试满意度、人格和行为满意度，其中物质生活满意度是指夫妻双方对家庭物质生活方面，诸如本人收入、配偶收入、住房等的满意程度，这是衡量婚姻生活满意度最为重要的一个指标[①]，而住房满意程度是物质生活满意度中最重要的一个因素，因为住房是婚姻基本的需求，是夫妻长期共同生活的固定空间，同时也是家庭财产的主要组成部分。有学者研究表明，住房质量会显著影响婚姻质量，影响婚姻质量的住房因素中，住房舒适程度对婚姻质量影响最大。[②] 此外，婚姻制度在历史上具有四大功能，包括繁衍后代、共同生产、私有财产的传承和形成一个相对稳定的关系。婚房属于私有财产，婚后购买的婚房属于夫妻共同财产，在调查中我们发现夫妻之间围绕婚房引起的冲突，其主要症结在于以婚房为代表的财产的归属及分配纠纷。

总体而言，男方购买婚房对夫妻关系要么没有影响，要么影响较小，且这一影响分为两个方面，一是促进夫妻感情的升温和谐，二是加剧夫妻之间的矛盾冲突。具体包括以下几种情况：一是男方全额购买婚房，基本不影响婚后的夫妻关系，婚后夫妻之间的矛盾冲突来自婚后家庭生活琐事纠纷、第三者介入、生理缺陷、性格不合、感情淡化、生活习惯差异等。二是男方在婚前贷款购买了房产，还贷任务由男方或者男方父母完成，房子完完全全属于男方，是

---

① 孙丽岩，王建辉，吴友军. 当前我国婚姻满意度的状况分析 [J]. 学术探索，2002（4）：122-123.

② 陈变珍，姜晓刚，唐晓雪. 住房消费对高校教师婚姻质量的影响探讨 [J]. 高教论坛，2018（7）：61-64.

男方的私人财产,这时候婚房贷款不影响婚后的日常生活和夫妻关系,婚后夫妻之间的矛盾同样来自其他因素。三是男方在婚前已经购买了房产,女方以各种理由,如结婚生娃等,要求婚后在房产证上加上自己的名字,以便增加婚姻的"安全感",这会导致夫妻在关于婚房上的矛盾冲突。四是女方在男方付首付的前提下,在房产共有的情况下共同还房贷,这不仅不会导致夫妻矛盾冲突,反而可能会因为一起为未来美好幸福生活而奋斗,增加婚姻的稳定性和幸福感。五是婚房由男方婚前贷款购买,男方还贷,婚房完完全全属于男方,女方负担一起生活的费用,或者男女双方共同偿还贷款,由于经济利益纠纷,一定程度上会影响夫妻感情,增加婚后夫妻在关于婚房上的矛盾冲突。六是婚房由男方贷款购买,由于男方经济条件受限,导致房子的面积、位置、档次难以达到女方的预期,这也会增加婚后夫妻在关于婚房上的矛盾冲突,毕竟住房舒适度对婚姻质量产生影响。七是婚房由男方贷款购买,但家庭的支出安排不太合理,住房消费即房贷部分占家庭总收入过大,导致家庭日常生活很拮据,这种情况也有可能导致夫妻间关于房贷的争吵。总之,男方购买婚房对于夫妻关系的影响很小,由男方购买婚房引发的婚房抱怨、财产纠纷并不是夫妻之间矛盾产生的主要的原因。

"我岳父母希望买面积大一点、位置好一点的婚房,一步到位,为将来生孩子早做打算,但是我家经济条件一般,不想贷款,不想有太大压力,先买一个小一点的户型,日后再慢慢改善。我们婚后生活还行,其中也有摩擦,反正就是在磨合中度过吧。"(10-WZL)

"我老公在婚前就有无贷款的房子了,他家经济条件还好,我们很少为金钱而吵架,都是为生活中的琐事而吵架,像我骂他太懒了,什么家务都不做,也不带娃娃,不讲卫生,不爱干净等。"(19-HXJ)

"我老公在婚前有一套小房子,我希望他卖掉房子,用卖房款作为首付再购置一套大的、位置好的新房,我家参与还房贷,这样就可以在房产证上加我的名字了。他不想折腾,不愿意。婚后我们有了孩子,老人来帮忙,房子就显得不够住了,我对我孩子上的学校也不太满意,我到现在还在埋怨他。"(13-DXK)

"我老公的房子是他付首付购买的,我们俩共同偿还贷款,房产证上也是我们共同的名字,还剩下几年就还完了,婚后我们并没有因房子而吵架,家庭矛盾来自家庭生活琐事。"(20-LJ)

综上所述,一般而言,男方购买婚房与夫妻之间的矛盾冲突没有直接关联。在访谈中由于婚房引起的冲突和冲突中涉及婚房问题的案例占少数,其矛盾主要体现在女方对男方购买的婚房不太满意,女方想在婚房房产证上加名字等原因,或者婚房为男方婚前购买,为男方婚前财产,但婚后由于夫妻共同生活,女方要承担一定的房贷和生活费用而产生心里不平衡,进而引发矛盾,或者家庭经济安排不合理,偿还贷款的压力过大,住房消费占家庭收入的比重过大,导致家庭生活压力过大,造成紧张焦虑、缺乏安全感,这也会造成夫妻之间的矛盾。调查结果发现,婚后购房的夫妻关系和谐程度要略优于婚前购房的夫妻,带来此种影响的原因在于婚后购买的婚房保障了女方的经济权益,婚前购房,特别是贷款购买的婚房则有可能带来夫妻双方关于婚房的经济纠纷。由男方购买婚房引发夫妻矛盾的情形属于夫妻矛盾中的极少数,在大多数情境下,由男方购买婚房反而会在一定程度上降低夫妻矛盾发生的频率,即丈夫通过购买婚房担负与履行了自身的责任与义务,妻子对丈夫购买婚房的行为表达赞赏,夫妻之间的矛盾发生的可能性在双方完成各自家庭义务与责任的前提下实际降低了。此外,我们在访谈中还发现由于男性购买婚房,婚姻支付的成本高昂,反而成了稳定婚姻的砝码,特别是婚后购买婚房的男性。部分男性受访者表示虽然在婚后生活中时不时有各种摩擦和矛盾,但购买婚房已经掏空了家里的财力,如若离婚就意味着需要再次面对高成本的婚姻支付,所以只要不出现原则上的问题就不离婚。

第二节　男方购买婚房对代际关系的影响

代际关系的好坏在一定程度上影响夫妻的婚姻质量和家庭的稳定。年轻人在结婚之后,代与代之间的互动会更加广泛,关系也更为复杂。由于篇幅有限且婆媳关系、翁婿关系在婚后代际相处中较为典型,所以本书主要分析男方购买婚房对婆媳关系以及翁婿关系的影响,来考察男性购买婚房对代际关系的作用。

一、男方购买婚房对婆媳关系的影响

男方购买婚房对婆媳关系的影响一般存在两种可能性,其一是影响较小,其二是对婆媳关系完全没有影响,具体包括以下三种情况。

一是夫妻二人并不与公婆共同居住,婆媳之间鲜有接触,没有引发矛盾冲突的环境,男方购买婚房对婆媳关系并不产生直接影响,婆媳矛盾在此情境下

由其他因素引发，比如儿媳是否对公婆孝顺恭敬，公婆是否对儿子儿媳一视同仁等。

二是夫妻二人与公婆一起居住，婚房由男方全款购买，公婆在购房问题上出钱出力，提供大量的经济资助，形成了"金钱——决策权和话语权"的格局。女方在购房过程中没有提供帮助，在婚房问题上缺乏话语权，与婆婆因婚房发生冲突的可能性大大降低，即使发生矛盾，儿媳妇也会趋于隐忍，避免与婆婆的直接冲突，这一格局下婆媳之间的矛盾自然减少。同时，在这种情况下儿媳妇因婚房购买中公婆提供的帮助与支持，会充分肯定公公婆婆的能力，对于公婆帮忙购买婚房充满感激。但由于生活环境的交集，由生活琐事带来的矛盾冲突在长时间的相处过程中仍然会产生，此时婆媳之间的矛盾源头并不是由男方购买婚房的模式所导致，而是来源于儿媳妇与公婆在消费观念、生活方式以及价值观念之间的差异，生活代沟成为引发婆媳矛盾的主要因素。笔者通过问题"您与公婆或者岳父母发生矛盾的主要原因是什么"的调查发现，绝大多数女性受访者表示她们与婆婆发生矛盾的主要原因为性格、生活习惯、价值观方面的差异。

三是婚房由男方贷款购买，男方家庭条件较差，夫妻双方与公婆共同居住，而男方通过自身努力贷款购房，但偿贷能力较差，每月的生活开支中贷款占较大比例，对婚后生活质量产生了严重影响，此时儿媳妇与婆婆会因消费观念上的差异而引发矛盾，比如婆婆认为儿媳妇花钱大手大脚，不懂节俭，不懂持家；同样，儿媳妇埋怨婆婆经济条件较差，还干预个人生活，引发婆媳之间的相互埋怨。与其相反，男性全款购买婚房与婚后代际关系的稳定性有一定的关联，至少可以避免上述代际矛盾的发生。

"我家是农村的，房子是向亲戚朋友借钱付首付买的，每个月要还一大笔贷款。我妈是典型的农村妈妈，非常节俭，我老婆也很节俭，就这样，她俩还因为各自认为不应该买的东西而磕磕碰碰，互相埋怨乱花钱，吵吵闹闹的。但她们也都是为了这家嘛，我只有夹在中间不停地劝解。"（1-XXL）

"我老公家里条件很好，我认识他的时候他就有房子，我不跟公婆住在一起，只有节假日才一块吃顿饭，平时来往得也少，沟通交流也少，不存在什么婆媳矛盾。"（19-HXJ）

"我们结婚时是与公婆分开住的，后来有了娃娃，公婆就过来帮忙照看娃娃，我们偶尔因育儿理念不同而吵架。"（1-XXL）

"房子就应该由我们男人来买,是我们家份内的事情,我父母在买房的事情上也是出钱出力,费了不少心。我老婆家在买房这件事情上比较尊重我们家的决定,婚后也并没有说多么地感谢我。婆媳之间偶尔也有矛盾,但与房子无关。"(2—WJ)

"我们老两口把毕生积蓄都拿出来给儿子买房了,儿媳妇很感激我们,平时不住在一起,没什么矛盾。"(CL 的母亲)

"我们老年人的观念和年轻人已经脱节了,没办法住在一起,硬是要住在一起的话,只会产生矛盾,搞得两败俱伤。我们现在回老家居住,只在他们需要我们,叫我们帮忙的时候才过来。"(XXL 的母亲)

从访谈中我们发现,男方购买婚房是男女双方都认同的根深蒂固的观念,在双方发生冲突时,大多数男方不会因为是自己购买的房子就对女方横加指责,会就事论事、客观公正地对待婆媳矛盾,会在母亲和老婆之间进行调节,但因为对父母掏空储蓄与养老金购买婚房有愧疚感,在婆媳矛盾中男方会更倾向于维护自己的母亲;一般而言,不论女方及其家庭对男方购买的婚房的满意度如何,女方都不会把婚房的情绪带入代际相处之中,不过婆媳之间在争夺经济资源时,如安排家庭开支,节省支出以偿还房贷时,可能男方购买婚房会影响婚后的婆媳关系。总体来看,男方购买婚房对婆媳关系的影响较小,如若婚后婆媳不在一起共同生活,则男方购买婚房基本不对婆媳关系产生影响。

二、男方购买婚房对翁婿关系的影响

基于中国的传统与社会现实,女婿和岳父母生活的机会时间要大大少于儿媳妇与公婆生活的机会时间。通常来讲,在大多数家庭中,除非男方入赘做起了上门女婿,不然翁婿之间直接相处的时间与机会屈指可数,故女婿和岳父的关系相比婆媳之间的关系要好得多,产生翁婿矛盾的概率也相应小得多。翁婿关系是一种特殊的关系,既十分密切又相对独立。一般而言,从代际关系的角度来看,由男方购买婚房的婚房购买模式对翁婿关系并不会产生直接影响,不过当男方无法单独购买婚房,需要女方父母帮衬,且男方父母无法以与女方家庭相适配的能力支付婚房购买的成本时,则容易引发翁婿之间的矛盾。

就翁婿关系而言,一方面女婿能不能赚钱养家,有没有上进心,有无不良嗜好和恶习,对自己的女儿好不好,婆家人对自己的女儿好不好,直接决定老丈人对女婿的看法;而另一方面老丈人是不是在与女婿、女儿共同居住的过程中提供力所能及的帮助,比如帮忙买菜、洗衣、做饭、照看小孩等,而不是好

吃懒做，这决定女婿对老丈人的看法，也是影响翁婿关系的关键因素，与男方购买婚房并没有多大的关联；而翁婿之间关系的好坏还受到岳父对女儿家庭生活的干预的影响，如岳父过多地干预夫妻之间的家庭生活，对小家庭的生活过多地指手画脚，也会对翁婿关系产生不良的影响，带来负面效应。比如当女婿好吃懒做、毫无上进心，对家庭事务毫不关心，出现吃喝嫖赌等不良嗜好时，不仅会带来夫妻关系的高度紧张，也会带来翁婿关系的高度紧张。再比如老丈人长时间待在女儿家中，对于女儿家庭中的事务基本不参与，还需要晚辈的伺候，女婿也会看不惯老丈人，久而久之就会产生翁婿矛盾，同时也会对夫妻关系造成一定影响。此外，在育儿问题上，尤其是孩子的教育、疾病救治等方面，由于代际育儿观念的差异，也可能产生翁婿矛盾或丈母娘与女婿之间的冲突。

翁婿矛盾的本质是夫妻双方在家庭生活中与岳父母之间的代际冲突，其发生的条件不拘泥于夫妻双方与岳父母是否共同居住，婚房购买仅仅是引发翁婿矛盾的众多因素中的一个。需要看到的是，在传统的婚姻观念中，女方出嫁之后，与其原生家庭之间的联系已经大大削弱。但随着社会观念的转变与进步，女方在婚姻关系中的角色已然有所转变，岳父母与女婿、女儿之间的联系逐渐加深，也更多地参与到婚房购买的决策之中。翁婿矛盾的爆发虽然并不与男方是否购买婚房有直接联系，但可以看到的是，男方购买婚房实际上使得翁婿之间长期接触的可能性降低，进而降低了翁婿矛盾爆发的可能性；而当男方不能独立购买婚房，需要获得女方家庭的经济援助时，翁婿矛盾爆发的可能性将大大增加。

"我们老两口没有儿子，只有一个女儿，都说女婿半边子，我们是真心把女婿当儿子看待，真心对女婿好。不过我们从不干涉女儿小家庭的生活，他们有困难时，我们都会来帮忙，只要他们过得好，比什么都要强。"（LJ 的父亲）

"一个月前的晚上，我去女儿家看外孙，发现外孙患了皮疹，就叫他俩马上送外孙去医院看医生，可不巧的是医院那晚没有小儿皮肤科的值班医生，自己忍不住埋怨女婿对小孙子不负责任，但女婿认为我小题大做，孩子又不是什么大毛病，白天看也行。我听着窝火，我和女婿的关系很一般，他不听我的，还和我对着干。"（DXK 的父亲）

"我岳父岳母总认为我们家对他女儿不好，尤其觉得我妈对她不好，婆媳之间很难相处，我夹在我妈和我老婆之间也很为难，就因为这，我岳父岳母对我也颇有意见。"（1—XXL）

从上述案例中我们可以了解到，岳父岳母心疼女儿，心疼小外孙，与女婿之间的矛盾冲突多半来自育儿、女婿及其家人对女儿的态度等。即女儿及外孙在家庭生活中没有得到很好的照料，女婿的能力与品行不行，是引发翁婿矛盾的源头，而女婿与岳父的矛盾则与岳父的生活方式，岳父是否过度干预夫妻间生活有相应的关联。这些矛盾整体看来与男方购买婚房并无直接的联系，与其相反，男方购买婚房，一定程度上使得翁婿长时间相处的可能性大大降低，减少了彼此之间的接触，使得双方的相处戴上了滤镜，反而稳定了翁婿关系，降低了矛盾产生的概率。

第三节 男方购买婚房对婚后家庭交往、亲属关系重构的影响

男方购买婚房对家庭交往亲属关系的重构要么没有影响，要么影响较小。一般而言，在实践亲属关系的过程中，已婚男性青年在婚后家庭结构和家庭交往的形成中起到关键作用，他们会将情感、经济等因素在两家之间进行平衡，对自己家和女方的家庭关系不会区别对待，具体调查情况见表4-7。从表4-7中发现，大部分购房男性婚后与自己家、岳父母家的关系都比较亲密。已婚青年男性在建构亲属关系的实践中，涉及本家、岳父母家和自己的小家庭，或者还有可能涉及自己的兄弟姐妹家和妻子的兄弟姐妹家。在实践亲属关系的过程中，绝大多数购买婚房的已婚男性首先会把自己新组建的小家庭放在中心位置，其次是自己的父母和岳父母，并且大多数的男性会在自己的父母与岳父母之间进行经济和感情方面的平衡，以免有所偏颇，引发家庭矛盾，最后才是两家的亲朋好友。在中国的传统家庭里，人们与谁亲密，与谁疏远，与谁互动频繁，与谁互动较少，主要取决于空间距离（居住情况）和心理距离（诸如血缘关系、年龄、教育程度、人品性格、价值观念、兴趣爱好等），而与购买婚房关系不大，购房男性婚后亲属关系网络图如图4-1所示。即便是自己本家的兄弟姐妹，如若与自己的性格、价值观、兴趣爱好等相差太大，与自己又不在同一个城市居住，也没有产生在经济、事业等各方面互助互惠的关系，其关系通常也不会太亲密，甚至不及一个与自己谈得来又经常走动的小舅子、小姨子。可见婚后亲戚之间的亲密程度、互动频率等与购买婚房关系不大。不过当夫妻双方之间的家境、学历、收入等相差悬殊，男方在婚姻缔结中购买婚房，家庭贡献度较高，那么他在婚后也极有可能只与自己的亲戚朋友走动，关系亲密，而疏远甚至瞧不起女方的家人朋友。

"我们都是本地人，我与她的家人，我老婆与我的家人关系都挺好的，在经济、情感上都没有分那么清楚，有什么事大家都互相照应，互相帮助，两家人相得十分融洽，没啥子矛盾。这与买房没有关系，也许是上辈子结下的缘分吧。"（4-CL）。

"我对待我的岳父母和我自己父母是一样的，经常买礼物看望他们。我岳父母对我也很好，虽然他们身体不好，但还是帮助我们做一些力所能及的家务，我小舅子结婚我们也送了大礼。既然都结婚了，我老婆的家人也就是我的家人，何必要搞区别对待呢。"（3-LM）。

表4-7 购房男性婚后亲属关系网络调查表

姓名	与父母的亲疏	与岳父母的亲疏	与自家兄弟姐妹的亲疏	与老婆的兄弟姐妹的亲疏
CL	亲密	亲密	亲密	亲密
XXL	亲密	一般	一般	一般
LM	亲密	亲密	亲密	亲密
WJ	亲密	亲密	亲密	一般
HY	亲密	亲密	亲密	疏远

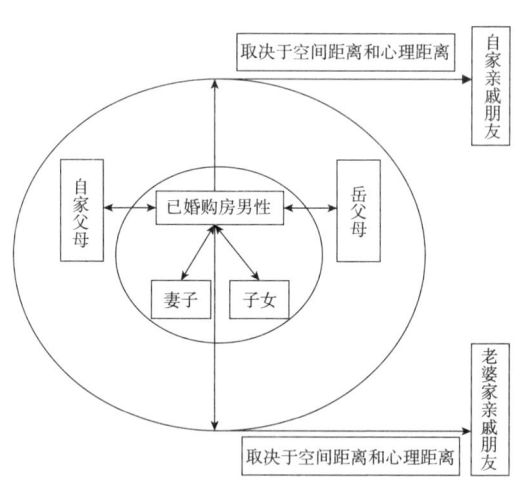

图4-1 已婚购房男性亲属关系网络的重构

整体看来，在婚后的家庭交往及亲属关系的重构中，男方处于交往与关系重构的主体地位，但这种情境下的主导权并不是受男性婚房购买这一模式的影响，相反，这一主导权来自传统的父权体系下的强男性话语权，男性主导家庭的交往与亲属关系可以视作一种家庭分工的传统。而在男性购买婚房的模式下，亲属关系的重构与交往关系的选择实际上是基于关系平衡的需要，在亲属关系重构的模式中，新组建的小家庭处于关系的中心。虽然男性购买婚房并不是男性家庭交往亲属关系重构的主要影响因素，但在婚恋实践中，男方购买婚房有利于融入女方家族网络，也有利于婚后夫妻关系、婆媳关系乃至整个家庭关系的稳定和谐。婚姻缔结的一个目的是要实现未来双方家庭社会关系的再生产。男方购买婚房符合新娘家对婚姻支付的预期，有利于新郎融入新娘家庭，也有利于婚后夫妻关系、婆媳关系乃至整个家庭关系的稳定和谐。虽然部分男方购买婚房是婚前财产，但即便如此，男方及其家庭承担婚姻支付中的"大头"也算解决了女方结婚居住这一"燃眉之急"，也体现出男方结婚的诚意，有利于他融入女方家庭家族网络。

第四节　本章小结

本章主要讲述"男方购买婚房对婚后家庭关系的影响"的研究内容，是本书的核心部分，通过调查访谈，我们发现在现代社会中，男方在婚姻中仍然承担更多的经济重担，如购买婚房。一般而言，男方购买婚房与夫妻关系、代际关系没有直接的关联，但在一定条件下，男方购买婚房对夫妻关系、代际关系有影响，只是影响不大。夫妻关系主要与夫妻双方各自的世界观、人生观、价值观以及性格、脾气、能力、收入、人品等有关，代际冲突与矛盾主要与两代人之间的代沟有关，如由于成长环境、年龄阅历、社会地位的不同导致价值观念、行为习惯、心理状态上的差异，但当由房子引发了产权之争时，或贷款额度过大、家庭经济负担过重，夫妻双方在还贷、是否在房产证上加女方名字时，可能引发夫妻矛盾和代际矛盾。男方购买婚房对婚后家庭交往亲属关系的重构要么没有影响，要么影响较小。在实践亲属关系的过程中，一般而言，大多数已婚男性会把个人以及自己新组建的小家庭放在中心位置，会在自家亲戚朋友和老婆家的亲戚朋友之间做一个平衡，这与购房关联不大。绝大多数购房男性很容易融入女方家族网络。目前，男方购买婚房在中国仍然相对普遍，这是由各种各样的因素造成的，笔者将对比下一章"女方购买婚房对婚后家庭关系的影响"，分析两者之间的差异和产生的原因。

第五章　女方购买婚房对婚后家庭关系的影响

在婚姻过程中，男方提供的婚房在婚姻关系存续期间可能会升值，而女方陪嫁的嫁妆包括汽车、家电等生活用品以及装修新房的费用则可能会贬值。因此，经济条件较好的家庭会给女儿准备房产，以防止嫁妆贬值，毕竟买房是应对社会风险的一种手段和保障。这样一来，女性分享了婚后男性的部分家庭权利，同时替代了婚后男性的部分角色，由此挑战了男性在传统的家庭分工模式下的部分权威。女方购买婚房对婚后家庭关系产生了诸多影响，具体包括以下几个方面。

第一节　女方购买婚房对夫妻关系的影响

一、提高与增强女性在婚后家庭中的地位和话语权

随着男女平等的思想被越来越多的人认可，女性在家庭中的地位有了大幅度的提升。当前部分女性和女方家庭代替男方购买婚房，这份责任范围之外的行为更是提高和增强了女性在婚后的家庭地位和话语权，毕竟经济资本能够转化为话语资本。从访谈中我们能明显感受到女方在购买婚房上的自信及自豪，以及男方及其家庭对女方所做的家庭贡献的积极肯定与高度评价。

购买婚房是对家庭贡献的重要表现之一，千百年来这一行为主要由男方及其家庭来完成，因为自古以来就有女子出嫁从夫居住、照料婆家人起居生活的传统习惯。而现代社会随着女性的解放和女性劳动参与率的提升，大多数女性实现了经济独立，部分女性及其家庭成为婚房购买者，打破了以往社会对女性的刻板印象，有利于社会成员消除对女性的性别歧视，使女性产生了强烈的心理自豪感，提高和增强了女性在婚后家庭中的地位和话语权。同时，因为男方没有经济能力购买婚房，心理会产生一种愧疚感而在婚后生活中有意放低自己

的位置,这样就会提高女性婚后的家庭地位。比如,购买婚房的部分女性会在夫妻双方发生争吵时,情不自禁地将婚房拿出来说事,提醒男方在婚姻中的重大开支是由女方支付的,以此压制男方,部分"入赘男"可谓"入赘难"。

其实婚房不是爱情的庇护所,不是争吵时购房一方的砝码和挡箭牌,不能因为哪一方购房或者出资较多就可以享受更多的权利,单凭物质上的优势以主导地位自居的做法很容易引发夫妻矛盾,不利于夫妻关系的和谐。从短期来看,女方依靠婚房购买中的主导地位,确实能够在夫妻关系中获得相应的主动权与更高的家庭地位,但长期而言,夫妻关系中某一方地位的突然上升必然带来另一方的不满与抱怨,以物质的付出作为关系发展的基石,并以此为要挟,则必定迎来夫妻关系发展的瓶颈与破裂。

"我家买的婚房,他们家经济条件不好,只有自住的一套房,说是婚后住在一起,我坚决不同意,我就自己买了婚房。他家不怎么参与,最多出了点装修费用,现在我在他们家人面前可有面子了,说话也有分量。我买房我骄傲。"(16-CZW)

"我们家是本地人,在成都有三套房,直接拿了一套给我当婚房,我婚后住着我父母买给我的房子,心安理得,不用看任何人的脸色,不用跟他到处去租房。现在我就是我家的女王,家里很多事都是我说了算,硬气啊。我老公也挺感激我父母的,毕竟成都主城区的房子不便宜,现在他的工资卡是绑在我的手机上的。"(17-ZXW)

"我买房当然我说了算,不过我也不是什么蛮横不讲道理的人,我还是比较尊重我老公及其家人的,遇到大事我们还是会一起商量,但是小事什么的基本我说了算。我们很少吵架,就算有争吵,他一般都会让着我。"(14-XXX)

二、可能改变家庭事务传统的性别分工

女方购买婚房是可以显著提高和增强婚后女性的家庭地位和话语权的,家庭地位又直接影响家庭分工,即女方购买婚房可能改变家庭事务的性别分工,可以改变"男主外、女主内"的传统分工模式以及"男强女弱"的家庭决策模式。在婚后的生活中,家庭事务是如何分工和决策的呢?正如前面的章节所言,从理论上来讲家庭事务按劳动效率来分工,并不是按性别来分工,男女性别上的差异主要来自生理上的差异,这种差异还不至于大到足以决定劳动分工,只不过在做饭、打扫卫生、带孩子等常规家务劳动上,女性更加擅长、更

感兴趣罢了，但这并不意味着女性只能做家务，只能"主内"。而"主外"模式下的男性则可以视作传统强父权的产物，即使可以参与到常规的家务劳动中，也鲜少参与，当然这并不能说明男性不能参与到常规家务劳动中，做带孩子操持家务的"家庭主夫"，这需要具体情况具体分析，即夫妻双方的劳动效率极大地决定了夫妻之间的家庭分工，倘若女方在外工作能力更强，收入更高，那么男方则有极大可能主动参与到家务劳动中，改变家庭事务传统的性别分工。

一般而言，女方购买婚房的家庭，女性本身就很优秀，工作能力很强，收入不菲，而男性基于未履行购买婚房这一"传统义务"，一方面尊重女方及其家庭的贡献，高度肯定女方在家庭事务中的作用，另一方面又有"吃人嘴软，拿人手短"的心态，在心理上自然矮了半头，加之内心深处充斥愧疚情绪，自然更愿意让渡部分话语权，同时争取在家务劳动中发挥更大的作用，以期用行动对女方购买婚房的贡献做出适当补偿，这样的小夫妻家庭很容易充斥着女性主义色彩，经济资源的优势影响家庭事务分工决策，极有可能产生"女主外、男主内"的家务分工模式和"女强男弱"的家庭决策模式。

家庭家务（女方购买婚房）承担调查情况见表5-1、表5-2、表5-3。通过调查我们发现，在女方购买婚房的家庭中，没有任何一个妻子独自承担家务，夫妻协商承担家务是女方购买婚房的家庭中的主要模式，分别占92%（访谈男性）和76%（访谈女性），且在夫妻协商中，男性承担家务较多，女性承担家务较少，并且出现丈夫独自承担家务的个案，绝大多数女性每日家务劳动时长集中在1~2小时，而男性则集中在2~3小时。

表5-1 家庭家务（女方购买婚房）承担调查情况

选项	访谈人数（男）	百分比（%）	访谈人数（女）	百分比（%）
丈夫独自承担	1	8	1	8
妻子独自承担	0	0	0	0
夫妻协商承担	11	92	10	76
雇人承担	0	0	1	8
自觉承担，谁有空谁做	0	0	1	8
总计	12	100	13	100

注：为准确、全面地反映家务承担情况，调查组既调查了家庭中的男性，也调查了女性。

第五章 女方购买婚房对婚后家庭关系的影响

表 5-2 丈夫帮妻子分担家务的情况调查

选项	百分比（%）
经常	68.9
偶尔	28.0
从不	0.0
其他	3.1
总计	100

表 5-3 家务劳动（女方购买婚房）实践调查

劳动时间	男	百分比（%）	女	百分比（%）
1 小时以下	0	0	3	23
1~2 小时	3	25	5	38
2~3 小时	7	58	4	31
3~4 小时	1	8	1	8
4 小时以上	1	8	0	0
总计	12	100	13	100

在家庭事务的分工上，女方购买婚房可能会影响婚后事务的分工，即改变"男主外、女主内"的传统分工模式，形成"女主外、男主内"的分工模式，这一点与男性购买婚房对家庭事务分工的影响形成鲜明的反差。究其原因，笔者认为主要因为女性以人力资本为主要表征的自致能力日益突出，特别是凭借自己的努力在城市购买婚房的女性。据笔者调查，在城市购房女性的受教育程度、文化修养、技术能力相对较高，家庭背景、工作业绩相对较好，所以他们中的绝大多数不太可能接受家庭主妇的角色，自然不会形成"男主外、女主内"的传统分工模式。

就男性是否接受女性购买婚房、是否接受入赘而言，网易房产调查数据显示，59.6%的男性接受丈母娘嫁女送房，16%的男性拒绝接受丈母娘购买婚房，24.4%的男性尚未表态，但同时有50.2%的男性担心其婚后家庭地位会下降，27.7%的男性认为婚后其地位不会下降，21.1%的男性表示难以断定婚后其地位是否下降。在访谈中也我们发现，很多男性在面对社会发展带来的女性地位的提升以及女方购买婚房这件事上，他们承认现实，但不愿从内心和意识层面进行调整，仍然习惯以男性为主的婚姻生活理念，只有小部分男性表

示愿意接受入赘。

三、增加女性在家庭生活中的自主权

两性在生活中的平等取决于女性经济上的独立。美国学者诺拉发现,男性更愿意与对家庭经济做出贡献的女性分享家庭权力和家庭资源,女权主义者波伏娃也强调女性自主权的第一体现就是女性经济上的独立,即只要女性经济上独立,其收入较高,又购买了婚房,可以大大地提升婚后她们在家庭生活中的自主权。购房女性家庭事务决策情况见表5-4。通过调查我们发现,购房女性家庭事务决策仍然以夫妻协商为主,但购房女性在日常开支、购买高档商品、要孩子、投资等方面拥有较大的决策权,分别占55.6%、44.8%、40.9%、33.5%。以消费为例,逛街购物是女性的一大爱好,女方出钱自己购买婚房,自己又有很强的经济能力,在婚后可以自主消费,实现消费的自由,由于男性与女性在消费观上的差异,虽然丈夫不太认同妻子的做法,但大多数丈夫几乎不会干涉妻子的消费行为,也不会关心妻子钱的去向,甚至丈夫出于对妻子婚房的亏欠以及对妻子购买婚房的感激之情,会主动给妻子买礼物,上交工资卡、分担家务等。以生育为例,是否生育、什么时候生育、生育几个孩子是夫妻俩共同商量的结果,但倘若是女性购买的婚房,婚后家庭地位相应得到提高,男方较为弱势,这时女方在生育问题上就有着绝对的话语权。

表5-4 购房女性家庭事务决策调查情况

项目	丈夫(%)	妻子(%)	夫妻协商(%)	总计(%)
投资	10.1	33.5	56.4	100
外出旅游	13.3	21.3	65.4	100
要孩子	10.8	40.9	48.3	100
孩子的升学或就业	11.5	26.8	61.7	100
日常开支	15.5	55.6	28.9	100
购买高档商品	8.4	44.8	46.8	100
换工作	18.2	60.3	21.5	100

"我家的日常开支基本上由我老公购买,大件贵重商品,比如换车我们会一起商量决策,女性的一些高档商品,如首饰、高档衣服等,我老公会给我买。毕竟婚房是我家买的,就这些消费的总额也不及房子总价的一点零头,况且他婚前也向我承诺了,会经常给我买礼物。我的收入是我自

己支配,也会为这个家负担一些生活费用,虽然是我们家买的房,但毕竟是一家人,没必要算得那么清楚。"(14-XXX)

"我公婆希望我们早点生娃,但生娃毕竟是女人在生,对我的工作生活影响挺大的,我和我老公商量后,决定晚两年再要。公婆也拿我们没办法,因为他们只是喊我们生,不会帮我们带,经济上也出不了力。"(14-XXX)

"我家出资购买的房子,我的工资也比他高,家里的财政大权都掌握在我手里,收入和支出我都会跟他说一说、算一算,我老公没有什么好说的。"(17-ZXW)

随着社会经济的发展,越来越多的女性实现了经济独立,部分女性获得了不亚于甚至超过男性的职业发展,具备了独立购房的经济实力。此外,《中华人民共和国民法典》关于"婚姻法"的修订,在婚姻关系中,只要是由父母出资为儿子购买的婚房,即使是在夫妻双方婚后购买,那么由父母出资的部分也与媳妇没有经济上的关联,这样一来,越来越多的女性会选择独立购房来作为自己婚姻的经济保障。笔者通过问题"您对夫妻双方婚前财产协议是否认同?""您在什么情况下会主动了解与婚姻财产相关的法律规定?"的调查发现,95.5%的受访者表示认同婚前财产协议是避免未来发生财产纠纷的正常行为和合理手段,绝大多数受访者表示购买婚房后以及离异时会主动了解与婚姻财产相关的法律规定,以确保自己婚内的财产不受损失,特别是房产等不动产。

从女性视角来看,婚姻在弱化了经济保障的功能后,吸引力实际上出现了下降,买房作为一种经济投资会为女性今后的生活带来必要的经济保障,因而对女性而言,与其要求男性买房还不如自己买房,自己持有房产心里更加踏实。这与男性购房形成了鲜明的反差,因为大多数青年男性买房是为了结婚成家。女性购买婚房极大地提高了她在家庭生活中的自主权,在很多领域,如生育、投资等方面有实力挑战男方的权威,更多地进行自主的决策,充分体现了购房女性的强大人格特质和巨大家庭贡献,同时这也是时代发展进步的具体表现。而伴随着妻子在婚姻生活中逐渐掌握生活自主权和经济大权,她们对丈夫"没本事赚钱"以及不良嗜好、坏脾气等的容忍程度在降低,她们作为"房东"与丈夫产生摩擦、矛盾越来越频繁,离婚风险也在增加。

四、使男性产生压力和自卑,可能影响夫妻关系

受传统观念影响,购买婚房一直被看作男方的分内之事,既是男方的责

任,也是义务,而女方只需要随丈夫居住即可,如果男方不能提供婚房,"入赘"女方家里对于男方而言是一件颜面受损又迫不得已的事情。然而随着房价的攀升,适婚青年不一定具有购房能力,婚房作为家庭的后盾就显得尤为重要。婚姻在当代并不仅仅是男女双方个人的结合,更是两个家庭之间的资源重组。近年来,越来越多的男性及其家庭无法完成独立购房这一重担,其中以农村进入城市打拼的男性表现得最为明显。与此相反,越来越多的城市女性开始承担购买婚房的重担,女性购买婚房越来越得到社会的认可。尽管如此,女性购房无形中仍然带给男性很大的心理焦虑和心理压力。

笔者通过问题"若您的妻子购买婚房,并且收入比您高,您是否感到压力和自卑?"的调查发现,82.2%的受访者表示会,12.8%的受访者表示依情况而定,只有5%的受访者表示不会。究其原因,一是部分男生思想过于传统保守,无法真正地认同和接受女方在家庭贡献方面超越自己,也无法认同女方成为婚房购买的主角,而自己则无法履行传统的婚房购买义务;二是由于大男子主义的影响,他们无法接受婚后有可能产生的"女强男弱"的家庭格局;三是因无法购买婚房,怕招致负面的社会舆论评价与亲戚朋友对其个人能力的不认可。

> "我老婆家是成都的,而我家是小县城的。我大学毕业后留在成都工作,房子是我岳父母买的,虽然婚后我们很甜蜜,但是房子一直是我的一块心病,总觉得住着不踏实,也不好意思让父母过来住几天,就是觉得不方便。等攒够了钱,我还是决定自己买一套,哪怕贷款也行。"(6-GXL)
> "说实话,住岳父母买的房子我的压力很大,家中财政大权都在老婆手里,我买个什么小东西都要向她汇报,有时候私自买了,就说我买得不好,我一点存在感都没有。没办法呀,房价太高,我买不起,不得不向现实低头,这就是个围城。我的同事还有羡慕我的,认为我找了一个条件好的岳父母,我也不知道我有啥好被羡慕的,个中滋味只有自己知道。"(7-HGL)

在男性仍然是婚房购买的主要承担者的性别文化背景之下,女性购买婚房一定程度上影响婚后夫妻关系,有可能加剧夫妻矛盾,也有可能使夫妻感情升温,促进夫妻关系的和谐。女性婚前购买婚房和婚后购买婚房、贷款买房和全款买房对夫妻关系的影响是不同的。一般而言,女性在婚前买房增加了女性在婚恋市场上的择偶资本和优势,极大地提高和增强女性在婚后的家庭地位和话语权,也正基于此,女性有可能对丈夫"趾高气昂",不会很重视和丈夫组建起来的这个新家庭，不太亲近男方的亲属、朋友和其他社会关系，伤害到丈夫的自尊，进而影响夫妻之间的关系。当然，具有家庭责任感的女性一般不会让这一情况发生，而是会选择与丈夫共同努力，经营好新家庭。部分婚前全款购房女性在婚后生活中更容易提出离婚，增加婚变的机率。据调查，当前中国的离婚率急剧上升，大多数家庭是由女性首先提出离婚诉求。女性在婚后买房，同样也会提高和增加其家庭地位和话语权，有利于掌握家庭财政大权。

由于家庭贡献期望的性别角色"错位"，即女方代替男方购买婚房，成为婚姻消费的主要承担者和主要家庭财产的贡献者，有可能导致男性自卑，甚至会增强男性的心理焦虑和压力。从访谈中我们发现，除了少数男性拥有较强的心理承受力，拥有更高的情商，有更加包容的个性，觉得无所谓外，大部分男性依然固守着传统观念。"觉得有些窝囊""抬不起头""不自在""不方便""不舒服""没有存在感""我还是要想尽一切办法自己买一套房子""当上门女婿是迫不得已的举动"，这些访谈中经常出现的词句也确实反映出了无力购买婚房男性的心理焦虑和压力。那么这些心理焦虑和压力会不会影响婚后夫妻的关系呢？这个要依情况而定，比如女方由于自身性格强势、脾气不好等原因，加强对男方的控制和支配，进一步增强男方的心理焦虑和压力，其心理焦虑和压力达到一定的程度后会导致夫妻之间的矛盾冲突，甚至会导致离婚。不过这种情况属于少数，大多数男性会化婚房压力为工作动力，努力工作，提高自己的薪酬和工作能力，以便建立一个最舒服、最踏实的家。

女性贷款买房子对婚后夫妻关系影响要细分为两种情况，一是婚前夫妻双方针对房子的所有权、贷款还款等相关事项进行详细的商讨，并协定好相关事宜，或者将双方的婚前财产进行公证，这样避免了婚后财产纠纷，那么此时女性贷款买房子对婚后夫妻关系不会产生影响，甚至还有可能因为一起承担贷款、同甘共苦，促进夫妻之间感情的升温，偶尔的夫妻矛盾主要来源于日常生活琐事，而非房子引发；二是婚前夫妻双方并没有商讨好有关房子所有权和贷款还款等相关事宜，也没有进行婚前财产公证，那么婚后有可能发生夫妻一方利益受损（无法拥有房产，但要承担共同生活的成本甚至房贷）而另一方利益增加的现象，从而产生经济利益纠纷，进而影响夫妻关系，导致夫妻矛盾。女性购买婚房导致夫妻矛盾冲突甚至离婚，其症结在于个别购房女性觉得婚姻有巨大的损失家庭财富的风险，因而处处提防自己的丈夫以及婆家人，导致信任危机。

"房子是我岳父母提供的，我目前能做的就是努力工作，挣钱，向他

们二老证明自己是具备买房能力的,是可以带给他们女儿幸福的,是一只潜力股,正是由于这个信念,我现在在单位总是工作到晚上,目标就是升职加薪,若不出什么意外的话,再过5年左右,我就可以买得起套三的房子了,希望能早点实现我买房的愿望吧。"(6-GXL)

第二节　女方购买婚房对代际关系的影响

总体而言,女方购买婚房对代际关系的影响要大于男方购买婚房对代际关系的影响,因为女方购买婚房冲击了传统社会男性和公婆的家庭地位,导致男性家庭地位和公婆权威的下降,提升和增加了女方及其家庭的地位和话语权。下面主要分析女方购买婚房对婆媳关系的影响以及它对丈母娘与女婿关系的影响,来考察女性购买婚房对代际关系的影响。

一、增加女性在婆媳矛盾中的话语权

女方购买婚房呈现女方家庭或者女方自身的经济能力,使女方很容易获得婆家内部家庭成员的肯定性评价,进而提升女方的家庭地位,增强她在婆媳矛盾中的话语权。此外,女方或者女方家庭购买的婚房很容易被外界误认为婚房是给新婚夫妻的共同财产,迟早是要归男方所有的,想当然认为娶到自带房产的新娘等于赚了一笔。事实上,虽然婚房附着在女儿身上并随女儿外嫁流动到夫家,但它并不是给新郎、新婚夫妻或男家家庭的财产,而是给女儿个人的财产,是对女儿未来生活的一种物质保障。不过这种误解很容易给婆家带来家族荣耀,提高婆家在家族关系中的身份地位,这使得婆婆对富儿媳的态度与穷儿媳的态度截然不同,常会对富儿媳更加关心、友善。与男方购买婚房情况不同,在女方购买婚房的调查中,婆婆与儿媳住在一起的案例非常少,婆媳间没有共同生活的情境,婆媳矛盾自然也会减少,就算产生婆媳矛盾,也只是一些无关紧要的口角之争,并不涉及核心的经济议题,大多数婆婆会因为"婚房亏欠"而做出适当的让步,矛盾自然消弭。婆媳之间冲突的本质是经济问题,很多家庭纠纷是围绕经济资源展开的,不过婚房本身就是女方购买的,再加上《中华人民共和国民法典》的出台,特别是关于房屋产权的问题,即婚前个人按揭买房,离婚时归个人,婚后一方父母出资为子女购买不动产且产权登记在其子女名下的,认定为夫妻一方的个人财产。这样使得在婚房这个问题上,产

权非常清晰,婆媳之间在对婚房这一经济资源的争夺上丧失了法理上的可能性,当然不排除婆媳间的争端转向于其他经济资源。

"我俩婚房的首付是我家出的,我俩共同还贷,他家不太富裕,只出了装修和车位的钱,看得出来他爸妈都对我很满意,也充满歉意,每次回他家他们都嘱咐自己儿子一定好好对我。我和公婆之间没啥矛盾,没住在一起,就算有矛盾,婆婆可能也会让着我。"(16-CZW)

"我的婚房是我爸买的,选地段、楼盘、户型等都是我父母决定的,在我读高中时就买了房子,等我结婚时就直接给我当婚房。他家也不怎么过问,毕竟我家出钱,我婆婆自然是高兴的,毕竟她没怎么出钱就有了儿媳妇,还说等我们有了娃娃,就过来帮我们带娃娃。"(17-ZXW)

"我跟他爸爸没有那个经济实力帮他在成都买房,婚房是儿媳妇家买的,我们老两口只是过来帮忙带娃娃。一家人在一起生活难免有个磕磕碰碰,但都是鸡毛蒜皮的小事,我不跟我儿媳妇计较,没必要,退一步海阔天空。"(GXL 的母亲)

"我儿子跟他岳父母住在同一个楼盘,很多事都是他岳父母帮忙的,我们很少过去,都说婆媳不能待在一块。我与我儿媳之间的矛盾很少,只要他们过得好就行。"(HGL 的母亲)

从访谈内容来看,由女方购买婚房,婆媳矛盾爆发的频率出现了较大的下降,即使有婆媳矛盾发生,也多以婆婆对媳妇的让步为结局。出现这一情况的原因,除了婆婆对媳妇的"婚房亏欠"之外,也有婆媳双方对经济资源争夺减少的缘故。除此之外,男女双方家庭在经济实力、社会地位上的差距也对婆媳矛盾的产生有相应的影响,即男方家庭在女方购买婚房模式下有极大可能处于相对弱势地位,婆婆在与儿子媳妇的相处中实际处于话语权丧失的情境。女方购买婚房对儿子与媳妇的关系并不能产生较大的影响,即使婆媳产生矛盾,儿子出于对媳妇婚房的亏欠,可能会偏袒媳妇,消弭婆媳矛盾。此外,由于男性住在女方提供的婚房之中,公婆不便与儿子媳妇共同居住,年轻夫妻与公婆的互动频率也减少,代与代之间的亲密程度也相应地在降低。

二、引发丈母娘对女婿的"婚房埋怨"

改革开放后,伴随着房价的上涨,社会上流行着这样的观点:生男孩是"建设银行",生女儿是"招商银行",丈母娘成为推高房价的主要因素等。不过随着《中华人民共和国民法典》的出台,男孩女孩都变成"建设银行",丈

母娘不再成为推高房价的主要因素，社会上开始流行婚前财产公证、婚后协议、婚房购买 AA 制等形式。尽管如此，父辈们受传统观念影响较深，大多数丈母娘仍然希望能找一个有房有车的女婿，尤其是经济条件不太好的父母更是要求自己的女婿能够承担赚钱养家的重担，能给自己女儿提供很好的物质生活条件。有些父母甚至利用婚恋市场上的"女性特权"在婚姻方面向男方"漫天要价"地索取，如房子、车子、彩礼等，因为在他们看来，房产是考验准女婿是否有责任心，对女儿的承诺的真实可靠性的标准。倘若女婿经济条件不好，无房无车，需要女方家提供婚姻中的重大开支的话，岳父母对女婿多多少少有些"埋怨"，甚至会强行拆散一对情侣，不过也有部分开明的岳父母表示婚姻里要的是人不是钱，嫁女不是卖女，不是为了"嫁房"，只要女儿找的对象是一个正派、有上进心、有责任心的男生，只要女儿高兴幸福，父母不会介意女婿没有房子。此外在个别案例中我们发现，女方父母愿意出资购买婚房，但是极少数父母提出以后所生孩子的姓氏需要跟着女方姓，若这一要求出现可能将导致女婿与岳父母之间矛盾的产生。

"我家的经济条件一般，我父母想把一套位置不太好又是小户型的毛坯房作为我的婚房，但是我老婆家坚决不同意，觉得房子太老、面积太小，又很偏僻。于是我岳母就出首付买了一套高档小区的新房，由我们两个共同还贷。房子倒是买了，但是在之后的相处中，我岳母虽然表面没说啥子，但会暗示我，要对她女儿好，高档小区的婚房是他们家买的。"（12－ZWB）。

"别人都找成都市的本地人，而我的女婿是农村的，家里很穷，婚房也是我们老两口提供的，他们家只出了少量的装修费用，我多少有些心理不平衡，对他还有点不太满意，多少有点嫌弃他的家庭出身。本来我和她爸爸看不上这个女婿，但拗不过我女儿，只能同意他们的婚事，现在只要他们过得好，我也就放心了。"（ZXW 的母亲）。

学者杨善华从横向与纵向全面考察家庭关系，发现代与代之间在文化价值观方面的差异很可能会导致代际关系的疏离，家庭关系已经深受物质利益观的毒害了，因此代与代之间的沟通互动相比以往就会更加复杂和生硬[①]。按理说，代与代之间的互动有利于家庭内部的和谐发展，但是女方及其家庭购买婚

---

① 杨善华. 中国当代城市家庭变迁与家庭凝聚力［J］. 北京大学学报（哲学社会科学版），2011（2）：150－158.

房使一部分女婿产生了心理负担，比如有受访者表示因为买不起婚房，心里一直觉得愧对老婆及岳父母，所以每次去岳父母家都小心翼翼的，买大包小包的礼物，有时也会主动做家务表现一番，让岳父母高兴。由于女方及其家庭购买婚房，女方父母承受了巨大的经济压力，有的父母是向亲戚朋友借钱集资的，故有可能干涉女儿家的日常开支，引发代际矛盾。比如有受访男性表示岳父母要求自己生活节俭，少逛商店，少去餐厅。

第三节　女方购买婚房对婚后家庭交往、亲属关系重构的影响

中国社会具有深远的父系传统。在传统的婚嫁模式中，女性出嫁随夫居住，嵌入夫家的生活，以夫家的人自居，在生活上依靠丈夫和婆家，与娘家的走动减少，关系渐渐疏远。婚后其亲属关系网络以丈夫为中心延展开来，表现为近婆家、远娘家，其个人意志与财务自由实际上很有限，更遑论女性对亲属关系交往的影响，可以说是微乎其微的。

在现代社会，伴随着男女平等观念的深入和女性社会地位的提高，婚后家庭亲属关系实践并不一定以丈夫为中心延展开来，女性的意志和情感也会影响到婚后家庭亲属关系的重构。一般而言，现代社会青年女性婚后的情感归属认同更多地以血缘为基础，而不是姻亲归属认同，特别是经济独立的女性。也就是说经济独立的女性在婚后重构亲属关系网络时，会偏向与自己有着血缘关系的娘家人，而不是婆家人。究其原因：一是现代社会女性的经济独立和社会地位的提高，使得女性有自己的经济来源，同时也拥有较高的财务自由与独立人格，在生活上不再仰仗和依靠丈夫和婆家，与婆家的经济往来与情感联系在减少；二是婚居模式的改变，即年轻小夫妻不再与公婆共同居住，而是单独居住，与传统社会相比，这一婚居模式拉大了女性与婆家在空间和心理上的距离，也相应地减少了两代人家庭之间经济上和情感上的联系；三是父权文化的式微，使得公婆的权威和权力在日益消退，传统社会婚后亲属网络重构模式在现代社会有所改变，同时中国现代化的推进削弱了青年女性对婆家的文化归属认同；四是娘家是女性婚后为其提供帮助和庇护的主要群体，比如婚房本质上是女方父母试图通过给女儿嫁妆，以支持女儿婚后经济独立并保障其婚姻破裂后基本生活的行为，故女儿婚后自然会亲近自家的父母和亲人，并且在女方父母扶持其女儿购买婚房的过程中，增加了两代人之间的密切关系，亲子关系变得更加亲厚融洽。女方购买婚房，其婚后关系亲属网络构建的"女性偏重"的

色彩会更加明显,并且在新组建的小家庭的婚后亲属网络重构中,购房女性的意见将占主导地位,男性在这方面的话语权进一步减少,具体调查情况见表5-5。从表5-5中发现,购房女性婚后与娘家的关系皆为亲密,而与婆家的关系就要疏远得多。

表5-5 购房女性婚后与娘家、婆家的关系亲疏调查表

姓名	婆家对小家庭的贡献	娘家对小家庭的贡献	婆媳矛盾	与婆家的亲疏	与娘家的亲疏
ZXW	少	大	少	疏远	亲密
GRB	一般	大	一般	一般	亲密
XXX	少	大	少	疏远	亲密
CZW	一般	大	少	一般	亲密
LJ	少	大	多	疏远	亲密

当然需要看到的是,在女方购买婚房这一情境下,婆家实际上与小家庭之间将产生空间与心理上的隔阂,因为婆家的婚姻支出与对小家庭的贡献较小,而与之相反,娘家在婚房购买中做出了巨大贡献,那么在婚房的选购过程中,娘家人可能会做出更有利于其整体家族利益的购买决定,如婚房的距离更贴近于娘家,这样女方与娘家人在空间与心理上的距离实际上缩小,来往得也会更加密切,也便于以后女方父母的养老。女方及其家庭经济条件较好,又购买婚房,且掌握自己的小家庭的经济权和决策权,那么婚后在重构亲属关系时,亲属关系网络将具有较为浓厚的"女性偏重"的色彩,即情感偏向和目标取向的重心将在女方父母及其兄弟姐妹,而不是公公婆婆及婆家亲属,这又会进一步影响家庭交往的亲属关系构成。城市已婚青年女性在建构亲属关系的实践中,涉及娘家、婆家和自己的小家庭,或者还有可能涉及自己的兄弟姐妹家和丈夫的兄弟姐妹家。在实践亲属关系重构的过程中,受个体主义影响,已婚青年女性会将自己与丈夫、子女组建的小家庭摆在中心位置,然后将情感、经济等因素偏向于自己的娘家及娘家的兄弟姐妹,会经常购买礼物或提供生活补贴给自己的父母,与自己娘家的兄弟姐妹保持一种较为亲密的关系,毕竟自己曾经是这个大家庭中的一员,得到其物质上的资助和情感上的慰藉,最后才是婆家,甚至疏离婆家及婆家的亲属,如图5-1所示。比如,强势的妻子会硬性要求丈夫一个月探望自己父母的次数,过年过节与娘家人一块度过等。

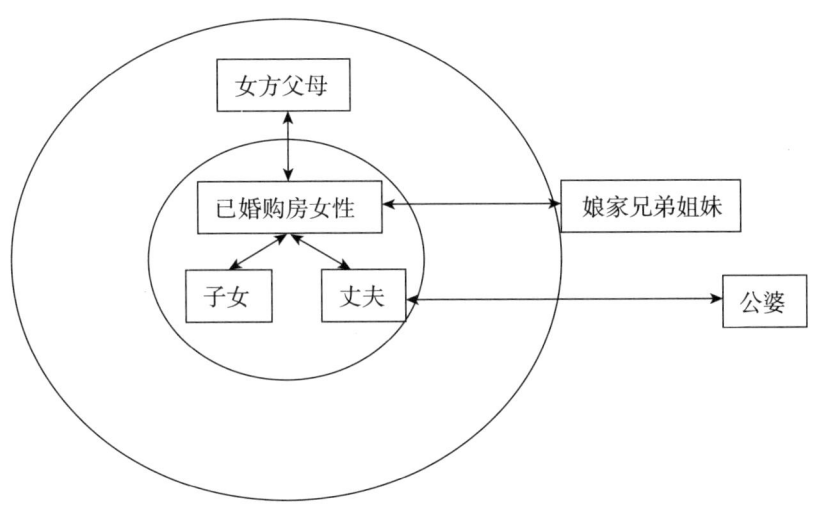

图 5-1 已婚购房女性亲属关系网络的重构

"我家就我一个孩子,我爸妈从小就把最好的给我了,吃的、穿的、用的……还给我买了房子,所以我要对他们好,他们是我的父母,有着血浓于水的亲情,这是永远不会改变的。我不能因为结婚成家就对他们不管不顾,我们小两口经常回去看望他们,陪伴他们。我对公婆就相对要疏远些,老公内心深处也对此有所不满,只不过没有表现出来。"(14-XXX)

"我老公是农村人,农村的亲戚一大堆,我很少和他们来往,只有过年才回他们家一次,但不住他家,不习惯,住附近的宾馆,和他父母沟通交流很少,关系谈不上密切,但也没什么矛盾。婚房是我父母出钱买的,我自然向着我自己的父母和亲人,毕竟有着血缘关系,经常大包小包给自己的父母买礼物,当然也会给公婆买东西。由于我娘家人都在成都居住,所以我们两口子与我娘家的亲戚走动比较密切。"(16-CZW)

"把儿媳妇就当成儿子的媳妇就行了。对媳妇来说,婆婆家只是亲戚,千万不要以儿媳妇的亲妈自居,也不要与儿媳妇的母亲做比较,我只要他们小两口过得好就行了。我不是很在意儿媳妇对我的态度,也不奢求儿媳妇的恭敬和孝顺,关键时刻还得靠自己的亲儿子。"(XXL的母亲)

此外,在城市的入赘婚姻中,女方在建构亲属关系的实践中就有着绝对的主导权,她们首先考虑的就是自己的父母以及娘家的亲戚,而后才是男方的父母以及婆家的亲戚,她们与自家亲戚经常走动,来往亲密,与他们的关系的亲密程度远大于男方家的亲戚。男方由于入赘,也只能选择和被动适应由女方在

婚后重新建构的亲属关系，绝大多数男性与原生家庭的关系会变得越来越淡漠，与自己父母的联系会越来越少，亲子关系变得日益疏离。

婚姻缔结实际上是一种社会关系的建构与重构，是通过钱、礼物、劳动力等交换把两个原本不相干的亲属群体建构为自我亲属体系，进而增加通婚双方家庭甚至家族的社会联系和社会资本存量。人们通过缔结婚姻最终实现两个家庭社会关系的再生产。当女性结婚后，面临的首要问题是如何融入新家，这是维系和经营婚姻的首要前提。在家庭关系融入上，相比其他女性，购房女性更加难以融入夫家的家庭网络，尽管女方提供婚房很可能在夫家被"高看""优待"。然而，由于房产绝大多数是女方个人财产，这相对"同居共财"家庭而言意味着她与其他家庭成员有区隔。比如，公婆以及夫家其他家庭成员要想住进女方提供的婚房就比较困难，就算住进来，女方对夫家人也容易产生"居高临下"和排斥的态度，容易发生家庭矛盾。在这个意义上，女性越独立，财产个体化越强，女性与夫家其他家庭成员的区隔越明显，她融入夫家家庭网络的难度越大。尽管如此，但我们通过访谈发现，绝大多数经济独立的女性对此并不在乎，她们更在乎自己小家庭的幸福与未来。

第四节　本章小结

本章主题"女方购买婚房对婚后家庭关系的影响"是本课题的核心部分。房子是人们安身立命之所，是家和幸福的基础。伴随着女性的解放和女性劳动参与率的提高，大多数女性拥有了相对可观的经济收入，日益成为各个领域的消费主力，小到日用品、服装、化妆品、高档商品，大到车子、房子。当前女性购房者逐年增加，其购买目的有投资、结婚等。女性购房是社会发展的进步，意味着女性经济独立和经济地位的提升，一方面可以缓解男方在结婚方面的购房压力，另一方面可以提高女性在婚后家庭中的地位，增加她们在家庭生活中的话语权和自主权，不过也可能给男性带来压力和自卑，造成夫妻关系的紧张。因为受传统观念影响，丈夫一般希望自己的妻子温柔贤惠持家，不希望她有更高的能与他谈判的底气与能力。此外，女方购买婚房还会引起岳父母对女婿的"婚房埋怨"，可能改变家庭事务传统的性别分工，增加女方在婆媳矛盾中的话语权，在建构亲属关系时，会表现为亲近娘家，疏远婆家，购房女性融入夫家家庭网络的难度较大，部分大龄女性贷款购房后更难找对象，更难结婚。

第六章　婚房购买AA制对婚后家庭关系的影响

AA制是指为各自消费买单的消费与生活模式，在中国社会流行与发展的时间相对较短。AA制最初囊括的范围仅局限于就餐消费，经历发展后，其范围得以扩展，在婚房购买及婚姻生活中也得以广泛流行。婚房购买AA制与男女双方合资购买婚房的不同之处在于，不论男女双方家庭经济条件如何，哪怕他们可以全款独自购买婚房，双方家庭在购买婚房这一问题上仍然坚持各出资一半。这种权责相对对等的模式对婚后家庭关系产生了诸多影响，具体包括以下几个方面。

第一节　婚房购买AA制对夫妻关系的影响

一、有助于婚后夫妻之间的平权平责和家庭事务的共同承担

婚房购买AA制是婚房购买的一种新的流行形式和趋势，即便是一些来自富裕家庭的青年男女也在尝试婚房购买AA制。一般而言，实行婚房购买AA制的夫妻在婚后生活中多数也实行婚姻AA制，即婚后各种生活成本都以AA制的方式分担。这一模式有利于女性的独立，婚后家庭内部平权平责和家庭事务的共同承担（具体见表6-1、表6-2、表6-3、表6-4）。通过调查我们发现，在实行婚房购买AA制的家庭中，没有任何一个丈夫、妻子独自承担家务，夫妻协商承担家务是实行婚房购买AA制的家庭中的主要模式，分别占88%（访谈男性）和75%（访谈女性），且在夫妻协商中，丈夫和妻子的家务分工是明确、公平合理的，并且丈夫和妻子每日家务劳动时长相当，都集中在1小时以下或者1~2小时。

在婚后生活中，责任是对家庭的贡献，包括赚取金钱、抚育子女等；权利

是决定家庭决策的走向，如决定旅行目的地、投资方式、是否生育小孩、是否购买高档商品等。就夫妻双方而言，承担了家庭的责任则拥有家庭决策的权利。在倡导男女平等的今天，丈夫和妻子在婚后家庭生活中的权利和责任上基本平等，即双方都应承担起赚钱养家、抚育子女的家庭责任，又具有诸如决定旅行目的地、生育小孩的权利。比如在访谈中我们发现，实行婚房购买 AA 制的夫妻在婚后生活中也基本上实行 AA 制，双方共同承担婚礼费用和婚后生活开销，会制定一些家中的规则条款并严格遵守，共同决定家中的重大决定，且承担决定带来的后果。总的看来，在婚房购买 AA 制的家庭中，夫妻双方的权利与责任相对平衡，更能够促使夫妻共同承担家庭事务，对夫妻平均权责，促进家庭关系的平等发展有利。

表 6-1 实行婚房购买 AA 制的家庭家务承担调查情况

选项	访谈人数（男）	百分比（%）	访谈人数（女）	百分比（%）
丈夫独自承担	0	0	0	0
妻子独自承担	0	0	0	0
夫妻协商承担	7	88	6	75
雇人承担	1	12	2	25
自觉承担，谁有空谁做	0	0	0	0
总计	8	100	8	100

注：为准确、全面地反映家务承担情况，调查组既调查了家庭中的男性，也调查了女性。

表 6-2 丈夫帮妻子分担家务的情况调查

选项	百分比（%）
经常	52.2
偶尔	40.8
从不	0.0
其他	7.0
总计	100

第六章　婚房购买 AA 制对婚后家庭关系的影响

表 6-3　家务劳动（婚房购买 AA 制）实践调查

劳动时间	男	百分比（%）	女	百分比（%）
1 小时以下	3	37.5	3	37.5
1~2 小时	3	37.5	3	37.5
2~3 小时	2	25.0	1	12.5
3~4 小时	0	0.0	1	12.5
4 小时以上	0.0	0	0.0	0
总计	8	100	8	100

表 6-4　实行婚房购买 AA 制的家庭事务决策调查情况

项目	丈夫（%）	妻子（%）	夫妻协商（%）	总计（%）
投资	10.0	10.8	79.2	100
外出旅游	13.3	20.2	66.5	100
要孩子	11.3	19.9	68.8	100
孩子的升学或就业	14.2	15.1	70.7	100
购买高档商品	12.1	32.4	55.5	100
换工作	20.5	18.7	60.8	100

"我们婚后一直实行 AA 制，房子也是各人出资一半，我们两口子都有自己的事业，都有自己的朋友圈，在金钱上也不过多干涉对方。他不会和我细算一些生活的小钱，家中重大决定我们一块商量，家里有事需要出大钱的时候也是一块出钱。我们一般互不干涉，互不打扰麻烦对方，只有在对方搞不定的时候才叫一方过来帮忙。我觉得这种生活方式还是很适合我们的，虽然与传统的生活方式不一样，但这也是夫妻相处的一种方式。"（18-ZQ）

"我们在买房子上实行 AA 制，婚后生活也一直实行 AA 制，我们各赚各的钱，各花各的钱，日常生活开支和家务活都对半开，在经济上谁也不吃亏，在家务事上谁也没闲着。我们两个人也没啥家务活，这样确保了最大的公平公正，减少因经济纠纷和家务活分配不公带来的矛盾。"（11-ZZH）

二、婚房购买 AA 制对夫妻矛盾冲突的影响

婚房购买 AA 制对夫妻矛盾冲突的影响要分情况而定，具体有两种情况。一是夫妻双方实行婚房购买 AA 制，但在婚后生活中并没有严格实行 AA 制，而是共同承担家庭的一切生活费用；二是夫妻双方实行婚房购买 AA 制，在婚后生活中也严格实行 AA 制。在第一种情况下，婚房购买 AA 制不但没有造成夫妻之间的矛盾冲突，反而由于夫妻双方婚后一起共同承担家中的生活费用和其他债务，一起抚育子女，同甘共苦，增加了彼此之间的了解和信任，有利于夫妻感情的升温。在第二种情况下，婚房购买 AA 由于过度追求经济公平，使得婚后生活演变成搭伙吃饭过日子，经济上倒是实现了公平，但夫妻感情上却日渐疏远了，最终消磨彼此之间的信任和情感，使得夫妻演变为缺乏信任的合作伙伴，陷入没有感情的平淡婚姻，或者走向离婚。毕竟婚后生活中诸如生育小孩、抚养小孩是很难用金钱量化的，更何况夫妻双方的工资收入也不一样，有些夫妻收入差距还非常大，实行严格的 AA 制也不现实，只会导致收入低的一方怨声载道，与收入高的一方产生矛盾。

"我老婆是做销售的，我最差的时候一个月只能挣 2000 块钱，而她业绩好的时候可以赚上万元，她嫌我没有用，挣钱少，就提出了 AA 制。她把家里的开销都一一记下来，真不愧是搞销售的，一毛一分都和我算，说实话，这样的婚姻我真的快受不了了！"（5-WWQ）

"我老公比我大六岁，曾经他家买不起婚房，提议让我家出一半，我父母同意并出了一半的钱。婚后他经常在外地出差，我为了照顾小孩，就把工作辞了，在家当起了全职太太。他后来居然嫌我花钱多，要跟我 AA 制分摊家用，为了家庭和睦，我也同意了，但没想到他居然抠门到连家里的水电费、卫生纸都要平分，斤斤计较，小气抠门。我照料孩子又没出去工作，结果他说孩子的钱他来出，至于我自己想买什么要自己去挣。我真的很难过，我们的感情快没了。"（22-MXX）

"我老公的收入暂时是我收入的 5 倍，但他却要求 AA 制，请问这合理吗？可行吗？女方收入不及男方，又不是什么大惊小怪的事，是这个社会可接受的，但他却说即使眼下收入有差距，我也应当争取赶上。西方国家都实行 AA 制，为什么到了我们就不能实行呢？"（15-GRB）

从以上访谈的内容我们可以看出，婚房购买 AA 制本身对夫妻关系的影响是正面的，有利于购买婚房，为婚姻构建安身立命的物质基础。但倘若将 AA 制延展进入婚姻关系，在婚姻生活中尽皆如此，那么斤斤计较的绝对经济公平无疑会摧毁婚姻赖以维系的情感基础，不是让婚姻的甜蜜激情陡然消失，就是让婚姻成为男女双方的"围城"，让婚姻中的彼此为柴米油盐酱醋茶的点滴花销喋喋不休，为夫妻关系的进步与发展埋下隐忧。

第二节　婚房购买 AA 制对代际关系的影响

一、婚房购买 AA 制对婆媳关系的影响

婚房购买 AA 制对婆媳关系的影响较小，婆媳矛盾的产生主要是婆媳之间的界限不清，儿媳妇依赖婆婆过多，婆媳接触过多且又不相互体谅导致的，与婚房购买 AA 制并没有直接的联系。只不过实行婚房购买 AA 制的年轻夫妻一般生活自立，在经济、家务劳动等方面不依赖于任何人，与婆婆居住在一起的概率很小，婆媳矛盾产生的概率也小。婚房购买 AA 制对婆媳关系的影响分为两种情况：一是年轻夫妻在生活中完全自立，不依赖婆婆的帮扶，不与婆婆居住，婆媳之间接触机会较少，婆媳矛盾鲜有发生，婆媳之间的关系较为疏远；二是年轻夫妻虽然实行婚房购买 AA 制，但在生活中仍然依赖婆婆的帮扶，婆媳之间接触机会较多，易产生婆媳矛盾。就第一种情况而言，实行婚房购买 AA 制的年轻夫妻普遍自立，思想前卫，他们在结婚后经济上不需要依赖公婆，即便父母援助了他们买房，但是在结婚后他们的生活，包括赚钱、照顾家庭、带孩子等都靠自己，因为年轻夫妻认同婆婆没有在经济上帮扶和带小孩的义务。实行婚房购买 AA 制的年轻夫妻一般不与婆婆居住，在生了孩子之后也不指望婆婆帮忙带孩子，而是小两口自己商量解决，婆媳之间接触的机会就会减少，婆婆晚年的生活也不会被"带孙子"霸占，会生活得更加潇洒，儿媳也不会嫌弃婆婆带孩子带得不好，这样婆媳之间由于价值观念、生活习惯等的不同导致的家庭矛盾就会减少。实行婚房购买 AA 制的年轻夫妻与其父母大多数会清楚地划分原生家庭和新生家庭的概念，互不打扰干涉各自家庭的生活。在家庭生活中，儿媳基本做到对婆婆的尊重，公婆赡养的问题主要由丈夫解决完成，儿媳只是从旁辅助；同时婆婆也并没有掺和子女的生活，这样婆媳彼此之间的界限是清楚的，矛盾也会减少，但婆媳之间的关系也会变得日益疏远。就

第二种情况而言，年轻夫妻在生活中不能实现完全自立，对公婆依赖过多，特别是依赖婆婆帮忙照顾孩子，婆婆在照顾孙子的过程中自然会与儿媳妇产生育儿方面的矛盾。

"我是来帮他们带孩子的，儿媳居然嫌弃我带得不好，有本事她自己带呀，又没这个本事，给他们带是看在我儿子的面上，你以为我想带娃娃吗？我有我的朋友圈，我有快乐的老年生活，我过得自由自在的，谁想到他们这来受气。"（LM 的父亲）

"我和我婆婆之间没有什么矛盾，又不住在一起，婆婆也不插手我们的生活，互不干扰，哪有什么矛盾呢？等我有了孩子就请保姆带娃娃，我们夫妻俩共同分摊保姆费，这样可以减少我和他妈之间的矛盾。"（18-ZQ）

二、婚房购买 AA 制对翁婿关系的影响

一般而言，实行婚房购买 AA 制的年轻夫妇是单独居住，不与任何一方的父母一起居住，故代际关系相对而言要简单些。与婆媳关系相比，翁婿关系相对简单。与男性购买婚房类似，婚房购买 AA 制对翁婿关系要么没有影响，要么影响较小，此处便不再赘述。

第三节　婚房购买 AA 制对家庭交往、亲属关系重构的影响

就女性而言，无论是单独购买婚房的女性还是实行婚房购买 AA 制的女性，她们与婆家的亲疏状况取决于婆婆对儿媳的态度和对小家庭的付出。倘若婆婆对儿媳不好，儿媳对婆婆及婆家的亲密度自然会降低。此外，婆婆对小家庭的付出也是影响儿媳与婆家关系的一个重要因素。在购买婚房以及实行婚房购买 AA 制的女性眼中，婆家无法帮助其小家庭购买婚房，照顾性的劳动支持也较少，她们对此是有意见和不满情绪的。在这种情况下，儿媳与婆家的互动频率就会减少，亲密程度与情感联系也会随之减少。

一般而言，实行婚房购买 AA 制的女性的家境、受教育程度、个人收入都不会差，这些女性绝大多数拥有自己的事业，在经济上不依赖丈夫和婆家，在婚后生活和代际互动中拥有了一定的话语权。由于女性在家庭中权力与地位的上升，她们可以以自己的偏好来重构婚后家庭交往亲属关系。实行婚房购买

AA 制的女性婚后会依据她们所认同的性别文化规范以及"付出—回报"平衡的市场逻辑建构新的亲属关系网络,具体调查情况见表 6-5。从表 6-5 中发现,实行婚房购买 AA 制的女性婚后与娘家的关系绝大多数为亲密,而与婆家的关系就要疏远得多。在这个实践过程中,她们会将自己和自己的小家庭放在中心位置,而后是与自己有着血缘关系的娘家人,最后才是与自己有着姻亲关系的婆家人。比如,基于父母对自己多年的辛苦培育,她们会选择将有限的时间、金钱、情感投入娘家父母,以实现对父母辛苦付出的回馈。相比之下,她们与婆家要疏远得多,更希望以少量的经济支持、礼物赠送等象征性的方式代替照顾性与情感性支持。不过我们在调查中也发现个别女性十分独立,既不与自家父母亲戚关系亲密,也不与婆家关系亲密,独立独行,当然这属于比较极端的案例。

表 6-5 实行婚房购买 AA 制的女性婚后与娘家、婆家的关系亲疏调查表

姓名	是否实现经济独立	是否与公婆居住	婆媳矛盾	与婆家的亲疏	与娘家的亲疏
ZQ	是	否	少	疏远	亲密
GRB	是	否	少	疏远	亲密
MXX	是	否	少	疏远	亲密
无名者	是	否	少	一般	一般
无名者	是	否	一般	疏远	亲密

"我和我婆婆基本不怎么来往,也不会产生什么矛盾,只有节假日我们才聚在一起,说说话。我跟她也没有什么好说的,也没什么感情,毕竟不是自己的亲妈,和我老公家的亲戚也只是相互认识,仅此而已。"(18-ZQ)。

"我们两口子过年一般还是去我老婆家过,她去我家总是不自在,和我妈的关系很一般,我只能将就她。所以,我们和她家的亲戚走得更近些,反正谁的家人都是家人,我也没必要计较。"(11-ZZH)

一般而言,与女性不同,大多数实行婚房购买 AA 制的男性会将情感、经济等因素在自己家和女方家之间进行平衡,不会区别对待,具体调查情况见表 6-6。从表 6-6 中发现,实行婚房购买 AA 制的男性婚后与自己家、岳父母家的关系都比较亲密。在实践亲属关系网络的过程中,与谁亲密,与谁疏远,取决于距离,即空间距离与心理距离,空间距离决定于婚居模式,心理距离取

决于个体的文化认同及个体间的互动频率,与婚房购买关系不大。也就是说,与谁的价值观、兴趣爱好一致,与谁居住得比较近,就与那家的亲人走动频繁。不过受传统观念的影响,少数实行婚房购买 AA 制的男性在实践亲属关系网络的过程中也会偏向自己家的亲人。总之,实行婚房购买 AA 制的双方在实践亲属关系网络的过程中,很有可能出现以血缘为基础,偏向自己家亲人的倾向,现实生活中就表现为过年过节"各回各家,各找各妈"的现象。不过,总体而言,实行婚房购买 AA 制的双方与原生家庭的联系比非 AA 制的夫妻要弱一些。

表 6-6 实行婚房购买 AA 制的男性婚后亲属关系网络调查表

姓名	与父母的亲疏	与岳父母的亲疏	与自家兄弟姐妹的亲疏	与老婆的兄弟姐妹的亲疏
ZZH	亲密	亲密	亲密	亲密
WWQ	亲密	一般	一般	一般
无名者	亲密	亲密	亲密	亲密
无名者	亲密	亲密	亲密	一般
无名者	亲密	亲密	亲密	疏远

"我和我老婆都商量好了,轮着去对方家过年。谁家的亲戚有红白喜事,谁送礼,公平公正,谁也没有疏远谁家。如若谁家的父母生病住院,谁就要照顾,另外一方只是从旁辅助,如若一方实在有困难,另一方才出手帮助。"(5-WWQ)

"在亲戚走动方面,我们两口子是两边都走动,谁也不能疏远谁家的亲戚,尤其是我老婆家的人,一点也不能怠慢。我老婆很照顾她家的人,我很迁就她,对她家的人和我自己家的人是一视同仁的,毕竟是一家人,何必一定要把两家的亲人分得那么清呢?"(11-ZZH)

第四节 婚姻新形式:两头婚

近年来,在中国江浙地区,特别是农村悄然兴起一种新的婚姻形式——"两头婚"。"两头婚"是一种高度 AA 制的婚姻,一般出现在经济状况比较富裕的独生子女家庭。

这一婚姻的特点包括：一是非嫁非娶，不是女方嫁给男方，也不是男方入赘女方，男方不给女方彩礼，女方也不给男方嫁妆，衣食住行，一切生活开销AA制；二是夫妻双方一般生育两个孩子，一个跟随父亲姓，由男方抚养为主，另一个跟随母亲姓，由女方抚养为主；三是住宿自由，男女双方结婚后不用延续一定要住在婆家的传统习惯，双方可以住在男方家，也可以住在女方家，也可以两家轮流住，甚至有的夫妻各自住在各自家，各自和原生家庭都保持密切的关系。这一婚姻模式对家庭关系带来了巨大的影响，有利也有弊。

有利的影响有三点。一是减少了婆媳矛盾。因为"两头婚"模式下，女性跟随原生家庭父母共同居住的时间相对较多，和婆婆居住的时间较少，从而减少了婆媳矛盾。二是减少了姻亲之间的矛盾。不需要购买婚房，缓解了双方家庭的经济压力，减少了婚房购买中家庭之间的经济纠纷与矛盾。三是有利于减少夫妻矛盾。在"两头婚"这种新模式下，夫妻婚后在两个原生家庭轮流居住，婚后生活更多地依靠双方父母的照顾，这样使得她们在生活中不会产生诸如油盐酱醋等日常生活方面的争吵。

对家庭关系带来的弊端也有三点。一是不利于年轻夫妻情感的培养以及小家庭凝聚力的形成。与传统夫妻相比，"两头婚"婚姻中的夫妻缺少自己的独立居所，缺少共同财产，缺乏感情，只有算计，难以形成夫妻小家庭的凝聚力。二是增加家庭纠纷。比如，年轻夫妻必须生育两个孩子，从而使双方家庭都有各自的后代，但生育的孩子的性别不同，导致姻亲之间在孩子抚养方面的矛盾，主要表现为双方家长对男孩抚养权的争夺。三是两头婚的家庭中夫妻之间缺乏爱情，其子女之间缺乏亲情。两头婚中的夫妻本质上就是搭伙过日子，缺乏情感，容易造成婚姻的不稳定。与传统婚姻相比，孩子在不同的家庭抚养，缺乏兄弟姐妹间的亲情。

总之，在"两头婚"新模式下，由于男女双方家境较富裕，双方家庭都有自己的房产，婚姻支出中最为重要的婚房已经变得不再重要，也不需要购买，新婚夫妻实现住宿自由。"两头婚"本质上是一种全面且高度AA制的婚姻，对传统家庭的伦理关系带来严峻挑战，将导致婚姻制度的最终灭亡。

第五节 本章小结

本章主题"婚房购买AA制对婚后家庭关系的影响"是本书的核心部分。本章主要分析了婚房购买AA制对夫妻关系的影响、对代际关系的影响、对家

庭交往亲属关系重构的影响，认为婚房购买 AA 制有助于婚后夫妻之间的平权平责和家庭事务的共同承担，但不利于婚后夫妻情感的增进。婚房购买 AA 制对婆媳关系的影响较小，实行婚房购买 AA 制的双方在婚后实践亲属关系网络的过程中，很有可能出现以血缘为基础，偏向自己家亲人的倾向，并且婚后姻亲之间的结合度将越来越低，关系会越来越疏远，与其他夫妻相比，他们与原生家庭的联系要少一些，关系略显疏远一些，同时他们也更独立，不需要也不是很在乎能否融入对方家庭网络之中。此外，本章还介绍了一个特殊案例，即在江浙地区流行的一种婚姻新形式——"两头婚"及它对家庭关系的影响。

第七章　婚房购买模式对家庭关系产生影响的原因

婚房购买方式差异对婚后家庭关系产生不同影响是具有多种原因的。本章主要从性别角色差异与分工、社会变迁，以及马克思的商品拜物教，消费异化的理论视角，并结合人口因素、经济发展因素等阐释这一现象产生的原因。

第一节　性别角色差异与分工

一、家庭贡献期望的性别角色错位

社会角色理论认为，每个人在社会关系中处于一定的角色地位，其他人习惯按照社会角色的一般模式对其态度、行为提出符合其角色的要求并寄于期望，这些要求与期望就是社会角色期望。一个人的行为倘若偏离了社会角色期望，就可能引起其他人的反对。

社会行为上的性别差异源于社会所制定的两性劳动分工，这种劳动分工进而导致了性别角色期望及性别类项技能上的差异。比如，一位学术能力很强的女博士，会被社会其他成员认为不"适合"学者的角色，更应当做一个相夫教子的贤妻良母。性别角色一致理论认为男性能够成为"一家之主"，其原因在于他的性别角色特征与领导者类似，被认为更适合赚钱养家，而不是专职做家务。

在当代，虽然舆论倡导两性平等，但就整个社会而言，男性要承担的社会重担和家庭责任高于女性，人们对男性的家庭贡献的期望也要高于女性，如父母对儿子的家庭贡献的期望超过他们对女儿家庭贡献的期望，妻子对丈夫的家庭贡献的期望超过丈夫对妻子家庭贡献的期望。究其原因：一是"男主外，女主内"的性别角色分工的刻板印象；二是来自女性"向上婚配"的心理倾向。

虽然全社会尤其是女性对男性的家庭贡献的期望非常大，但部分男性无法完成妻子对丈夫的家庭贡献的期望。例如，他们难以承担购买婚房、养家糊口的重任，这一重任最终落在了妻子的肩上，妻子反而成了丈夫眼里的希望。

那么家庭贡献期望的性别角色错位会影响婚后的家庭关系吗？如若会，又是怎样影响家庭关系的呢？具体而言，受传统观念和性别刻板印象的影响，一是当男方购买婚房，或在婚姻开支方面出了大部分的资金，其家庭贡献特别是经济贡献高于女方，那么女方的期望得到满足，夫妻之间或代与代之间将很难产生由于家庭贡献期望错位导致的冲突。二是当男方及其家人无法购买婚房，女方不得不购买婚房，这时男方的家庭贡献特别是经济贡献低于女方，那么女方对男方的家庭贡献期望得不到满足，呈向下变化的趋势，夫妻之间或代与代之间将会产生由于家庭贡献期望错位导致的冲突，毕竟在大部分女性的心中，男性就是家中的顶梁柱，房子是婚姻的物质保障，男性就应该给她们提供这样的物质保障。当然，女性对于"无房"男性的期望势必给男方带来一定的心理压力，或放低姿态或努力赚钱证明自己。与此同时，女性由于自己代替男性购买婚房，把对男性的期望转移到了自己身上，于是产生了性别角色反转，即在婚后的家庭生活中，女性扮演男性的家庭角色，如掌握家庭的财政大权，主导家庭劳务分工，等等。而男性只能通过努力工作、多赚钱、主动做家务、讨好女方家人等来降低女性对他的失落感，久而久之，必然引发家庭矛盾冲突。

二、家庭分工的性别角色错位

相关假说认为，女性的社会角色使她们的重心更容易放在家庭，即在生育子女、照料家庭与个人职业发展方面，女性经过权衡后，更倾向于前者，毕竟这是婚后女性承担母亲这一角色的职责所在。在传统的男权制社会中，男性主要承担养家糊口的责任，是家庭经济收入的最主要来源，成为家庭的"主宰者"；而女性主要承担生儿育女、操持家务与照顾老人的责任，女性一般不参加社会劳动，不直接获取经济收入，被认为应当顺从和服务于"养家者"，最终形成了"男主外，女主内"的家庭分工模式。这一传统分工模式是以两性的生理差异为标准，将两性配置到截然不同的劳动领域，并附加上不同的价值评判标尺，最终形成了一种人们的思维定式和心理习惯。虽然随着社会的发展进步，女性的劳动参与率越来越高，经济上越来越独立，"男主外，女主内"的传统家庭分工模式受到了挑战，但是女性应当是家务的主力，男性辅助妻子做家务仍然是社会的普遍共识。

不过，当前随着女性经济地位的提高以及越来越多的女性开始购买房子，男权统治受到严重的冲击，女性的家庭地位和领导权不断上升，并凭借自己的购房优势重构偏向"女权色彩"的家庭模式，甚至形成了"女主外，男主内"的新型家庭分工模式。这一分工模式在减轻女性的家务劳动负担的同时，也对夫妻关系和代际关系产生了一定的影响。比如，妻子的强势引发丈夫的不满，男方父母因心疼儿子在家做家务，使其事业受损，担心儿子家庭地位降低而与儿媳妇产生矛盾冲突，女方父母在高标准要求女婿的同时也担心自己女儿的家庭地位是否可以保持持久的稳固。总之，双方父母与年轻夫妻之间的互动体系，受传统男女家庭分工的观念和婚房造就的新型家庭分工现状的影响，既亲密又容易产生矛盾。

三、婚房购买的性别角色错位

社会角色理论认为，一个社会是由许多不同身份和地位的人所组成，当一个人履行某一地位的权利与义务时，他就在扮演一个角色，他应该认清角色的理想模型，了解社会对角色的期望和自己应尽的角色义务。自古以来，男性是婚房购买的主要承担者，是婚房购买的"角色扮演者"。在中国的婚姻家庭中就有着女性出嫁从夫居住并照料其家人的传统。现代社会中国大多数的长辈和男青年仍然沿袭着传统观念，基本都认同婚房购买的性别角色扮演和分工，即男方承担购买婚房的任务。

现代社会，就算是经济条件非常好的女性也会让男性承担婚房购买与家庭生活的经济负担。究其原因，一是因为中国的性别比例失衡，使得男性需要通过购买婚房来提高自己在婚恋市场的竞争力，以便获得优秀的婚恋资源。二是消费社会的文化背景使得男性成为婚房购买的主力军。社会主义市场经济的发展催生了中国消费社会的建构，当下消费文化大行其道。在消费社会的文化背景下，越来越多的女性在婚姻场域中偏向于有车有房有存款的男性。因为消费社会正从生产型向消费型转变，社会个体的生存角色也由生产者向消费者转变，作为符号象征意义的消费文化日益侵蚀着青年的生活方式和价值选择，这促使男性成为婚房购买的主力军。三是男性主导的社会秩序的延续，即传统的性别偏见使得男女双方在社会资源获取和机会上不平等，导致他们在就业和社会财富分配中的不平等，也就是说男性获取的社会资源、就业机会和社会财富普遍大于女性，这使得男性理应成为婚姻开支，包括婚房购买的主要承担者。四是年轻女性在家庭财产继承、父母支持购房等领域的性别平等权利受阻，特别是农村女性在重男轻女的传统观念下，从父母那里获得的经济资助相对较少，这使得女性在婚恋市场上更趋向于找有婚房的男性作为结婚对象，进而加剧了婚房购买的性别角色分工的固化。男方积极主动承担购买婚房的责任义务，这也给男方及其家庭带来了很重的经济负担和心理负担。当然，对于男性来说，为提高和捍卫婚后自己的家庭地位和权益，大多数男性也认同和积极承担购买婚房的重担；对于女性来说，她们认为男方购买婚房是一种对婚姻的保障，如果没有婚房，还谈什么爱情婚姻，更可能会引起两家人的矛盾。在婚房主要承担者依旧是男性的社会共识下，倘若男性无法完成这一重担，而是由女方及其家庭来完成，势必带来夫妻之间、代与代之间的矛盾冲突。比如，丈母娘对女婿无法提供婚房的埋怨，妻子以房东的身份对丈夫的任意支配，儿媳妇对贫穷婆婆的嫌弃等。

第二节 社会变迁

社会变迁主要分为自然环境变迁、人口变迁、经济变迁、社会价值观的变迁、生活方式的变迁、文化变迁、科技变迁等。本小节将从社会变迁的视角，主要从人口变迁（侧重于性别结构变动）、经济变迁（侧重于消费升级）、社会价值观的变迁（侧重于婚恋观变迁）、生活方式的变迁（侧重于家庭核心化与个体权利的凸显）、文化变迁（侧重于西方文化入侵对我国优秀传统文化与家庭伦理道德的消解）五个维度分析婚房购买方式差异对家庭关系产生不同影响的原因。

一、性别结构变动

人口数量、质量和结构的变化，对社会的经济发展以及其他领域产生全方位的影响，特别是性别结构的重大变化，如大量剩男的出现就可能导致性产业等地下产业的发展、社会犯罪率的提升，增加社会的不稳定性因素等。就性别结构而言，虽然近几年中国人口性别比例有所改善，但以往出生性别比偏高带来的风险不容忽视，大量剩男依然存在。2020年第七次全国人口普查主要数据结果显示，男性人口为723339956人，占51.24%；女性人口为688438768万人，占48.76%；总人口性别比（以女性为100，男性对女性的比例）为105.07，出生人口性别比为111.3；中国男性比女性多3490万。从各地区来看，31个省份中，总人口性别比在100以下的省份有2个，即辽宁（性别比达99.7）、吉林（性别比达99.69），在100至105之间的省份有17个，在105至110之间的省份有9个，在110以上的省份有3个，依次为广东（性别比达

113.08)、海南（性别比达112.86）、西藏（性别比达110.32）。性别失衡的原因与经济社会发展和文化传承存在显著关联。就中国而言，重男轻女的传统观念是其根本原因。

大量文献和婚姻实践表明性别结构的失衡会造成婚姻市场中男性的"婚姻挤压"现象，即部分男性由于受自身能力、经济收入、家庭背景、受教育程度等因素制约，无法娶妻生子。大量婚姻实践表明，婚姻挤压的后果将主要由相对弱势的男性，即家境贫寒人员、城市的无业人员和其他低收入群体承担。大量剩男的集中出现导致了恋爱和婚姻市场上的结构失衡，增强了婚恋市场上女性的力量和话语权，尤其是提高了弱势女性结婚的可能性，以及婚后妻子在家庭内部特别是夫妻之间讨价还价的权力，同时也增加了女性利用其性别资本优势向男性索要婚房及其他财物的底气和勇气，进而增加了因物质索取或经济纠纷而导致的夫妻矛盾、代际矛盾的风险。以婚房为例，在访谈中我们就遇到因婚房达不到妻子的要求而产生夫妻矛盾、争执吵闹的案例，以及男方及其家庭因买不起婚房遭到女方父母鄙视甚至失婚的案例。

二、消费升级

改革开放以来，中国人民解决了温饱之忧，人们真正实现了不愁吃不愁穿，物质生活得到了极大丰富和改善，人们对于诸如住房、旅游等发展型和享受型消费的需求不断上升，在这些消费中得到满足感、幸福感，这带动了中国房地产和旅游业的发展，同时也使得房、车成为年轻人向往青睐的商品，特别是婚房。在消费不断升级的形势下，结婚是否买房成为能否跟上消费潮流、能否实现消费升级的方向标，也成为一种对婚姻模式的选择和婚姻价值的判断。按理说，每个人都应该有自由选择婚姻模式和保持自己价值判断的权力，但在消费不断升级和物质主义泛滥的形势下，结婚与买房联系起来，并且男性购买婚房仍然是普遍现象。目前婚房是中国婚姻支付中占比最大的商品，也是婚姻消费中最重要的商品。当前中国经济发展的过程中存在不平衡不充分的问题，收入分配差距依然较大，如城市中的贫困男性是很难买房结婚的，而城市中的"剩女"往往经济条件较好，只是由于其找不到合适的伴侣而选择不结婚。在消费升级的形势下，买不起房的青年，特别是男性由于不能满足对方的消费需求，便丧失了结婚的资格，丧失了自由选择婚姻模式的权利，即便结婚成家，也有可能会被妻子及岳父母嫌弃。访谈中我们就遇到一个经济条件较好，有房有车的城市"剩女"与无房的贫困男性组建的家庭，妻子自称因为年龄过大，故降低条件找了现在的丈夫，但嫌弃丈夫家境贫寒，买不起房，工资收入不及

自己,与丈夫经常发生争吵,而丈夫由于住妻子的房子,开妻子的车,自惭形秽,故选择忍气吞声。

三、婚恋观变迁

社会变迁理论认为,社会平稳发展时,人们的价值观念相对静止,而当社会发生变动时,社会的价值观念也会随之巨变。就婚恋观而言,它作为个体价值观的一个重要指标,在改革开放40年的进程中经历了前所未有的变迁。新中国成立以前的传统婚恋观认为婚姻是"父母之命、媒妁之言",是一种"包办婚姻",因而导致男女之间没有"恋"只有"婚"或先结婚后恋爱;新中国成立以后,包办婚姻被废除,大批年轻男女开始自由择偶;20世纪80年代中国形成朴素的婚恋观,即善良、可靠、正派的择偶条件占据主流,对物质利益追求开始萌芽,比如自行车、缝纫机、手表、录音机四大件,电视机、洗衣机、电冰箱三大件等,但这些并不是婚姻的决定性条件;从20世纪90年代开始,中国青年的婚恋观受到物质利益的严重冲击,青年男女在择偶时越来越注重对方家庭经济条件,尤其是女性注重男性的经济实力,经济优越的男性也注重女方的年龄和颜值;2000年以后中国青年婚恋观中的感情因素得以复归,但这并不意味他们降低了对物质利益的追求,随着房价的日益走高,房子在婚姻中被提到了前所未有的高度,房子甚至"绑架"了爱情婚姻。笔者通过对婚姻与金钱的关系调查发现:49.2%的受访者认为没有金钱支持,就没有幸福的婚姻;65.5%的受访者表示有金钱支持,婚姻大多幸福;35.6%的受访者认为没有金钱支撑,婚姻一样可以幸福;59.2%的受访者表示有金钱支持,婚姻也未必幸福。通过对问题"您如何评价有房有车才结婚的说法"的调查发现:77.2%的受访者赞同"有房有车才结婚"的说法,其中绝大多数受访者表示结婚有没有车无所谓,但必须要有房;15.0%的受访者既不赞同,也不反对;只有7.8%的受访者表示并不赞同这一说法。究其原因,一是经济体制的转型,特别是生产方式和交换方式的变革,解构了传统的社会结构,使社会阶层逐渐分化,影响和改变了人们的意识和价值观念,如越来越多的年轻人倾向通过婚姻来抵御未来预期不确定性事件产生的风险,认同"干得好不如嫁得好";二是西方思潮的影响,消解了中国传统文化中的积极因素,如"重义轻利""先义后利"的义利观以及以男女平等、夫妻和睦为主要内容的家庭美德等。婚姻对于男女而言,不仅是一个经济共同体,更重要的是一个情感共同体。当婚姻带给个人的效用(经济上与情感上)大于单身的效用时,男女双方在家庭生活中才会有获得感,否则婚姻将会失去意义,个人很有可能选择离婚。不论是男性还是女性，过于注重物质利益，一定会由于经济利益产生纠纷，特别是在婚房购买出资问题上产生的各种家庭矛盾，使得婚姻带给个人在经济上与情感上的效用大大降低，影响婚姻的质量，甚至会导致离婚。

四、生活方式变迁

在中国现代社会，家庭核心化与个体权利凸显。个体化的价值观影响现代青年的价值观念，生活方式和生活状态也随之改变。

首先，追求独立的私人空间加剧"无房不结婚"等观念的固化，也推动了婚姻住房消费。在个体化趋势下，青年更加关注个人的隐私，不愿与长辈一同居住，追求独立的私人空间，即拥有独立的婚姻住房。他们一般不接受租房结婚，因为出租房虽然也是一个独立的生活空间，但没有家的感觉，也无法按他们的喜好和生活需求来设计和装扮。购买婚房成为青年追求私密空间的正当理由，进而促进了"无房不结婚""结婚必买房"等观念的流行。

其次，女性性别地位的提升，促使她们在婚恋市场上对男性提出婚房的要求。受个体化因素的影响，男性与女性都试图从传统的先赋角色中解脱，特别是女性。在传统社会，女性完全被局限在家庭之中，鲜有享有受教育的权利、工作与其他政治权利，她们的天职就是照料家庭。现代社会，女性摆脱了和家庭的直接联系，可以平等享有受教育机会、工作与其他政治权利，可以通过教育与工作来实现自身价值。随着女性经济的独立，其住房消费意识不断增强，独立购房的比例有所提升。女性在城市独立买房已经成为其社会地位和个人能力的体现。伴随着女性能力和性别地位的提升，她们在婚恋市场上对男性提出较高的要求，如颜值高、学历高、家世好、能提供婚房等。在"门当户对"观念的影响下，男性购买婚房则在很大程度上是对女方及女方家庭所提出来的一些婚姻缔结的要求标准，尤其是优质女性的结婚要求的回应。

最后，生活方式的变迁，促使父母帮助青年子女购买婚房。个体化促使中国家庭代际关系发生变迁，即父辈的权威和权力衰退，年轻子女权力上升。他们更关注个体利益与家庭利益之间的平衡。在现代家庭中，不论是父母还是子女都希望过独立自由的生活，互相不干涉，即父母希望孩子早日结婚成家，他们可以开始过自己的晚年生活；儿女希望拥有不依赖于父母、自由的婚后生活。这样，父母帮助子女购买婚房成为必然，尤其是男方家庭。生活方式的变迁，增强了父母与子女分开居住的趋势，增加了父母为子女购买婚房的压力，当一方父母尤其是男方无法帮助儿子购买婚房时，家庭矛盾有可能产生。

五、文化变迁

改革开放以来,西方各种文化不断向我国蔓延,其消极因素不断冲击中国传统文化,对社会主义文化建设产生消极影响,对人们的生活尤其是青年的价值观产生了很大影响。比如,随着个人主义思潮导致"个人至上,金钱至上"的极端个人主义价值取向的蔓延,挑战了中国传统家庭伦理道德,导致家庭关系紧张。笔者在访谈中发现,中国传统家庭道德中的"孝",不少更夹杂了金钱等物质利益。儿媳妇对有经济实力、能提供婚房的公婆可以做到孝敬恭顺,但对贫困的公婆则是态度冷漠,甚至遗弃他们。中国传统家庭道德所倡导的夫妻和睦、勤俭持家也在个人主义思潮的影响下发生了某些变化。在家庭生活中,经济实力弱的一方可以尊重、体谅、帮助经济实力强的一方,但经济实力强的一方却很难理解、体谅经济实力弱的一方为家庭的辛苦付出。比如,消费主义思潮主张消费至上、享乐至上,其本质是一种极端的拜金主义、个人主义和享乐主义,试图摧毁人们的正确价值观,使人们放弃崇高、一切向钱看,腐蚀着年轻人的精神世界。消费文化下被放大的消费欲望及需求使女性在婚姻策略的选择上出现工具理性化和货币化,部分女性利用自己的外貌、身材、年龄等优势将自身价值商品化,寄希望通过在婚姻市场上找一个有车有房、经济条件较好的结婚对象,从而超越自身的阶层限制,摆脱消费困境。如何引导女性走出消费文化的迷雾,成为当下婚姻场域转型的关键所在。再比如,拜金主义主张金钱万能、金钱至上,使人异化为金钱的奴隶,导致社会生活世风不佳。在调查中我们发现,不论是男性还是女性,不管在城市还是农村,青年对爱情与婚姻的关系较为淡漠和现实,个别青年甚至表示其人生不需要爱情和婚姻这样的"奢侈品"。在访谈中我们发现,爱情在婚姻策略中的分量不断被现实抛弃和抽离,坚持爱情为婚姻基础的青年仅占样本总体的 5%,28.5% 的受访者认为"没有金钱的支持,就没有幸福的婚姻"。在调查如何评价"有房有车才结婚"的说法时,80.1% 的女性受访者基本赞同这一观点,明确表示反对的仅占 15.1%。以房子和车子为表征,以利己为主要特征的工具理性成为城市青年婚姻选择的出发点。

第三节 商品拜物教与住房消费异化

一、商品拜物教与房产崇拜

在以私有制为基础的商品经济中，人与人的社会关系被物与物的关系所掩盖，从而使商品似乎具有决定商品生产者命运的神秘力量。马克思把商品世界的这种神秘性称为"商品拜物教"。商品拜物教的主要症状是人的物化，人的社会地位需要通过商品来展现。当下越来越多的年轻人将房产作为结婚的必备商品，此时的房产不仅是一种经济资本，更成为阶层划分、经济地位的符号资本。拥有宽敞的住房不仅有利于夫妻婚后的居住，而且通过与其他家庭的住房比较还会给户主带来优越感。市场场域下城市青年的通婚圈不断扩大，地理空间上的限制日趋缩小，社会阶层的限制在逐渐被打破。大多数的年轻人特别是女性将房子视为自己婚姻的保障。笔者通过调查女性对婚房的态度发现，90.9%的受访者认为男方应该全额付款买房子，2.0%的受访者表示可以接受男方按揭付款买房子，4.8%的受访者表示可以住男方父母家，1.2%的受访者表示可以租房结婚，只有1.1%的受访者对这一问题表示"无所谓"。部分女性为了房产甚至可以牺牲爱情，这种对房产的崇拜正是商品拜物教的体现。当婚姻的品质不是用爱情衡量，而是由房产来衡量，那么这就意味着房产越多的伴侣越能给对方带来安全感、幸福感。房产对于年轻人而言似乎具有一种魔力，能给他们带来甜蜜的爱情、幸福的婚姻等，由此年轻人就进一步崇拜房产，千方百计地去寻找有房有车的恋人，情侣关系就进一步货币化、"房产化"了，夹杂着诸多物质利益的婚姻势必影响婚后的夫妻关系和代际关系。

中国目前男多女少的年龄结构以及受婚恋市场策略、传统习俗的影响，使得大多数女性可以利用自己的性别优势在结婚时名正言顺地向男方提出婚房以及其他物质需求，这也强化了女性对房产的崇拜。当男方无法为女方购买到满意的婚房，无疑会加剧夫妻矛盾乃至代际矛盾。在房产幻觉、房产崇拜的前提下，夫妻之间在婚房购买方面将产生关于经费资助（谁家出钱多、谁家出钱少）、房贷偿还、房屋署名等各方面的矛盾。

二、住房消费异化

消费异化，是指人们以欲求而不是以基本的生存需要作为消费的出发点，

从而导致人在消费活动中主体地位和理性精神的丧失，使人的本质异化到消费品上的人的物化状态。现实生活中，人们的住房消费也产生了异化，具体表现为以下三点：

一是消费目的的异化，即青年人购买婚房除了居住，更重要的是通过婚房来炫耀其伴侣的身份地位、家庭财富，以此来满足"面子"和虚荣心。他们认为品质好的婚房就等于幸福和美好生活，所以要求对方必须要有婚房，不接受租房结婚和裸婚，部分青年甚至不接受二手房和城郊的房子。

二是消费对象的异化，即青年在消费婚房的过程中，因房贷占家庭日常支出过大，房子并没有给新婚夫妇带来幸福生活，反而背离了购房的初衷，降低了其婚后的生活质量，引发家庭矛盾。

三是消费行为的异化，异化的消费行为表现为超越自身条件和能力的消费、过度消费、无节制的消费、恣意的消费等。部分适婚青年自身经济状况并不好，但为了结婚，不得不通过父辈的养老钱、借贷或拼命工作等方式来购买房子，导致自己背上沉重的债务，结果并不能过上自己满意的婚后生活。

消费异化的根源在于人的本质的异化，即人在劳动中感受不到快乐，而是在消费活动中才能享受快乐。因此，不少年轻人不愿意通过自己的辛勤劳动去创造美好生活，因为他们在劳动中感受不到快乐，而是寄希望于婚姻，即通过找一个有房有车的伴侣达到阶层的提升，进而达到消费自由、享受快乐的目的。婚房消费的异化会造成由于婚房所导致的夫妻矛盾和代际矛盾，如妻子会由于婚房面积太小、位置偏僻、楼盘品质不好等原因而与丈夫发生争吵，岳父母也会由于女婿买不起婚房或者买不到理想的婚房，无法通过炫耀女婿的家境、经济实力来满足其虚荣心而产生理怨，或造成心理不平衡。住房消费异化导致一些适龄青年在择偶时更加看重对方的物质基础，并且将物质基础局限于"买房"这个单一举动，使得"有情人终成眷属"变成了"有房人终成眷属"。

总之，婚房消费的异化使婚恋物质化、财产化，导致人们将婚姻与财富关联起来，抑制了情感自由和婚姻自主等有利于婚姻家庭稳定的价值因素，使得男女两性在相处时容易心生戒备，互相猜忌，影响婚姻的稳定和谐，使男女双方家庭的长辈相处时也容易产生在婚房出资等方面的矛盾。

第四节 本章小结

本章主题"婚房购买方式对家庭关系产生影响的原因"是本书研究的重点

之一,是在前几章分析婚房购买方式对家庭关系产生影响的基础之上的原因分析。这一章从性别角色、社会变迁、消费异化三个视角阐释这一现象产生的原因。首先介绍了社会角色理论的基本内容和基本逻辑,在这一理论指导下,从家庭贡献期望、家庭分工、婚房购买的性别角色差异三个方面阐释婚房购买对家庭关系产生影响的原因;其次介绍了社会变迁理论,从性别结构变动、婚恋观变迁、生活方式变迁、消费升级、文化变迁五个层面研究婚姻策略背后的原因;最后分析了马克思主义中的商品拜物教和消费异化理论,并将它运用到分析当前婚姻缔结过程中的房产崇拜,认为婚房消费的异化可能造成婚后夫妻矛盾和代际矛盾。

第八章 婚房购买模式对家庭关系带来的挑战与应对策略

目前,买房才能结婚成为中国婚姻市场上的一种趋势。然而,对于刚参加工作的适龄青年而言,倘若其父辈没有足够的经济能力予以支持,大多数青年难以在城市购房结婚。不少"90后"城市青年结婚倾尽全家之力购房;不少已婚青年因购买婚房承担经济压力过大,造成生活拮据,降低了婚后的生活质量;个别已婚青年因婚房产权纠纷导致家庭矛盾时有发生。婚房购买及其方式对家庭关系带来了严峻的挑战。

第一节 婚房购买对家庭关系带来的挑战

婚房购买对家庭关系带来了严峻的挑战。具体而言:一是婚房购买增加了亲代为子代操办婚事的压力,二是婚房购买加深了家庭的代际关系。

一、婚房购买增加亲代为子代操办婚事的压力

在中国传统家庭观念中,有房才有家,中国人有着根深蒂固的婚房情节,部分年轻女性甚至表示房子虽然换不来爱情,但能换来婚姻,房产就是男性对女性爱情婚姻的承诺,大多数年轻人,特别是女性接受不了裸婚、租房结婚。贝壳研究院发布的《2021年婚房消费调查报告》显示,61.29%的女性受访者表示拒绝租房结婚,认为租房结婚没有归属感和安全感。在这种情况下,父母不得不为儿子或女儿准备婚房,当然受传统观念的影响,父母认为给子女备置婚房也是一种责任和义务。婚房购买增加亲代为子代操办婚事的压力。据调查,为儿子准备婚房的父母达到33%,为女儿准备婚房的占比为9%,可见男方家庭面临更普遍的婚房压力。经济条件一般的家庭,父母为了子女的婚房,倾其所有甚至掏空了自己的养老钱;一些农村的家庭,父母为了让儿子能娶到

老婆，负债累累，子女的经济负担也不减反升。父母帮助子女购买婚房后，经济条件不好的父母瞬间便会陷入贫困，其养老问题越来越突显，成为一个社会问题。总之，大多数年轻人从父辈手中以索取资源、代际剥削的方式来购买婚房，完成结婚的人生大事，这无疑给父辈带来巨大的经济压力，降低父辈晚年的生活质量，甚至导致其陷入贫困，引发家庭矛盾。

二、婚房购买加深家庭的代际关系

现代中国社会的家庭结构和代际关系表现为：子女在经济上独立，生活上独立，一般不与父母同住，过着自由无拘束的生活；同时，父母担心和子女及其伴侣一起居住会产生矛盾，故也不希望与子女一块居住，于是形成了各自的核心小家庭，并且两代人在相互依赖相互帮扶的前提下，各自寻求自己的生活方式。不过当前过高的房价使得青年人仅凭自己的积蓄难以购买婚房，需要父母的帮扶，父母在子女适婚阶段帮助其购买婚房，加强了亲代与子代之间的亲密关系，甚至加强了两家人代与代之间的互动和经济合作，但这对代与代之间的关系也产生了一些微妙的影响。比如，在男性仍然是婚房购买者的社会共识之下，男方及其家庭没有能力购买婚房，或者在婚房购买、婚姻开支中出的资金很少，婚房购买和其他重大婚姻开支基本都是由女方及其家庭来承担，女方父母为女儿的婚房甚至掏空了自己的养老钱，此时女方父母尤其是丈母娘难免会对女婿有些埋怨，甚至会对自己女儿施压，影响亲子关系、翁婿关系和姻亲关系，同时在女方父母的影响和施压下，妻子也会对丈夫有意见、闹情绪，影响夫妻之间的关系。在两家人商量买房时，两家人的父母、子女也可能会对婚房的面积、位置、品质、价位等产生不同看法而发生争吵。故在男女双方家人合作购房婚房时，其家庭代与代之间、家庭之间、夫妻之间可能充斥着猜疑、合作、冲突、妥协等，其关系将变得更加复杂和不定，也就是说，家庭关系可能由于合作购买婚房变得更加亲密，也可能变得疏远。

第二节 婚房购买模式对家庭关系带来的挑战

不同的婚房购买模式对家庭关系带来不同的挑战。具体而言：一是男性购买婚房促进了婚后代际关系的稳定，但加大了男性及其家庭的经济负担和内部矛盾；二是女性购买婚房打破了"男主外，女主内"的传统格局，可能引发家庭矛盾；三是婚房购买 AA 制可能导致夫妻情感疏离，最终演变为合作伙伴。

一、男性购买婚房促进了婚后家庭关系的稳定,但加大了男性及其家庭的经济负担和内部矛盾

现代社会男性购买婚房仍然是社会赋予男性的角色和身份特征,是社会的普遍共识。因此,当男性及其家庭顺利地购买了婚房,就完成了社会预定的职责划分,完成了女方及其家庭对婚房的期待,有利于婚后夫妻关系、代际关系的稳定和谐,至少不会因为买不起房或租房居住引发夫妻矛盾争吵,最终走向离婚,不会因为买不起房而遭到岳父母的数落嫌弃。然而男性成为婚房购买的主力军,也无疑加大了男方及其家庭的经济负担,甚至引起男方家庭内部的经济纷争。就男性而言,购买婚房肯定会加大其经济压力、工作压力、心理负担,他们不敢生病和轻易换工作,不敢随意消费,甚至不敢或者推迟生育,部分男性会打几份工,节衣缩食,以降低自己的生活质量为代价来购买婚房。就家庭而言,部分有儿有女的家庭,其父母为了让儿子能够购买婚房,顺利娶上老婆,可能会选择牺牲女儿的利益来帮助儿子,这些案例主要发生在农村的部分家庭。受重男轻女思想的影响,部分农村父母在对子女的购房投资方面存在性别不平等,即只给儿子购买婚房娶媳妇,不给女儿购买婚房,甚至牺牲女儿的嫁妆和挪用男方给自家女儿的彩礼钱来补贴儿子,给儿子在城市买婚房,这必然引发家庭内部矛盾。再比如,部分有两个儿子及以上的家庭,受经济条件限制,父母对各兄弟婚房购买的资助程度难以平衡,易引发妯娌、兄弟甚至父子争端。

二、女性购买婚房打破"男主外,女主内"的传统格局,可能引发家庭矛盾

传统社会家庭的决策权绝大部分掌握在男性手中,女性受男性的支配,两性处于不平等的地位。在男性主导的社会中,男性定义着社会和家庭中的女性角色,而女性则认同且履行着男性定义的性别角色和女性义务。在家庭分工方面,中国自古以来就形成了女性最好在家做家务、带孩子的刻板印象。现代社会随着工业化进程的深入,带给男性、女性平等的就业与竞争机会,女性的经济能力得到增强,特别是近些年女性开始购买婚房,掌握家庭财政大权,性别角色和观念开始变化,现代社会的性别角色期望也发生改变。女性不局限于"主内"的家庭角色,尤其是具有经济能力和占有较多资源的强势女性,她们积极响应男女平等的倡导,产生了新的角色期望,即扮演传统社会男性家长的角色。这个变化导致家庭分工由"男主外,女主内"向双方有职业,共同分担

家务这一方向发展，这样男性传统地位也受到极大的挑战。而大多数男性还没有适应和完全进入传统家庭"妻子"的角色任务，没有做好做家务、带孩子的心理准备，仍然选择维持原有的性别分工状态，希望妻子可以更多地回归家庭。可见，夫妻双方经济实力的不同，特别是在购房问题上所展示出来的实力，导致双方对"妻子"和"丈夫"的角色期望定位的不同，冲击了过去"男主外，女主内"的传统家庭分工，可能带来夫妻之间的矛盾冲突。

三、婚房购买 AA 制可能导致夫妻情感疏离，最终演变为合作伙伴

家庭不仅具有规模经济的功能，即两个人一起生活，一些生活用品，如家电等可以共用，达到节约生活成本的效用，更为重要的是还具有情感抚慰的功能，即男女双方在情感上得到慰藉。在婚姻中，夫妻情感是不能用金钱来衡量和算计的。婚房购买 AA 制使夫妻双方在经济上实现了公平，但在情感上会变得更加疏离。在访谈中我们发现，个别夫妻不仅在婚房购买上 AA 制，在家庭生活中也实行 AA 制，比如一个年轻女性就向调查员抱怨自己的老公，婚房购买 AA 制，在买菜、买米等日常采购，水电费缴纳，看电影，节假日看望父母买礼物等方面都实行 AA 制，其目的就是防止她乱花钱，倘若她没钱了，可以向丈夫借，但必须按时偿还。这位女子很生气地谈到若什么都 AA 制，那还结什么婚呢，就是搭伙过日子，婚后的 AA 制生活还不如婚前的生活自由。

从婚姻经济学的角度来看，婚姻可以使男女双方及其家庭优势互补，获得情感的寄托，降低生活成本，经济利益增加，各种效用增加。但婚房购买 AA 制以及婚后生活各项开支的 AA 制使得夫妻一方，特别是经济上处于弱势的一方感到结婚成家的边际投入与边际收益不相称，结婚还不如单身，此时，婚姻危机便开始到来。个别家庭条件非常好的女性家庭本身有婚前房产，但在结婚时同样进行婚房购买 AA 制。婚房购买 AA 制的部分夫妻，在家庭生活中双方都在算计，双方都在为自己及其父母考虑，都不愿主动承担小家庭的一些共同开支，久而久之，夫妻情感日渐疏离，最终演变为合作伙伴。在发生家庭争吵时，尤其是发生婆媳矛盾、翁婿矛盾时，夫妻双方基本上都是维护自己的父母，把过错归结为另一方，这样使本就淡化的夫妻情感更加脆弱，甚至有些夫妻最终走向离婚，分割房产。究其原因，毕竟在婚姻家庭生活中，夫妻双方需要共同经营情感，相互信任，相互扶持，而不是各算各的经济账，比如在孩子抚养方面是很难算清楚的。

第三节 应对策略

为缓解和减少因婚房购买导致的夫妻矛盾、代际关系紧张等问题，构建和谐的婚姻文化和家庭关系，必须引导年轻人正确认识与处理"房子与幸福"之间的关系，树立正确的婚恋观；加强婚房购买中强势一方的情绪管理和弱势一方的心理疏导；加强社会舆论引导，形成新的婚俗；加快住房制度改革，建立"婚恋扶贫基金"。

一、正确认识与处理"房子与幸福"之间的关系，树立正确的婚恋观

幸福婚姻离不开一定的物质条件，但过度强调物质基础必然会使爱情变质。当前婚房已经演变为婚姻的一种符号意义，购买婚房已经成为青年人的一种心理情结，过度追逐物质利益正在慢慢吞噬着青年人的爱情。社会上已经出现了一些不良的婚恋观，如无房不嫁、只有安居才能乐业、无彩礼不嫁等。已婚家庭也会因为婚房而争吵，如抱怨婚房是二手房，位置差、面积小；无房的男性时常遭到岳母的冷眼等。对此我们要进行正确引导，帮助青年人形成正确的婚恋观。首先，在社会舆论上要向青年人宣传以爱情和责任相统一的婚姻观，告诫他们房子与幸福并不能简单画等号，房子属于构建婚姻的经济基础，是幸福的重要因素，但它不等同于家，并不能代表全部幸福，幸福的婚姻是建立在夫妻之间相互尊重、欣赏、扶持、包容的基础之上，幸福的婚姻也体现为代际关系的和谐。其次，学校、家庭、社会要提倡性别平等化，减小性别差距，促进新型的性别秩序的形成。只有形成真正平等的性别秩序，才能形成新型的家庭分工模式，才能真正实现夫妻权力平等化、家务分工对等化、家庭决策平权化，才能有利于夫妻双方的角色认同，减少因婚房购买的性别角色错位导致的家庭矛盾。再次，大中学校要将婚恋教育纳入教育体系，大力弘扬家庭美德，引导青年抵制拜金主义，树立正确、文明、健康的婚恋观。比如，教育青少年设置合理的择偶标准，不跟风，不攀比，摆平心态，立足现实，重视婚姻给双方带来的精神价值。最后，积极消除"门当户对"的传统婚恋观念，营造公平开放的婚姻环境，促进社会各阶层合理通婚，进而促进社会流动。

二、打破婚房购买的性别角色刻板印象

性别刻板印象是针对某一性别的性格特征、外貌、行为、角色的普遍看法或成见。性别刻板印象是一种简单的性别归类，即贴标签，它限制了不同性别人士的发展、职业生涯追求和对生活做出选择的能力。性别刻板印象有五种常见的表现形式，即感性和理性偏见认为女性更富于感性，而男性更加理性；自然和文化偏见认为女性更加接近自然，男性更接近文化；哺育性偏见认为女性应该更多地从事养育、教育类的职业，男性应更多地从事竞争性的职业；攻击性偏见认为女性更多的应该处于从属和服从的地位，因为其攻击性较男性差很多；领域偏见则认为女性应该更多地存在于私人领域，如在家带娃，而男性应在外打拼，赚钱养家。

就爱情婚姻家庭而言，性别刻板印象使很多女性从内心接受社会文化赋予女性的标签，比如在婚恋方面，接受"干得好不如嫁得好"；在家庭生活中，接受女性适合相夫教子，女性婚后的重心应该放在家庭而不是事业，进而放松自己的事业，甚至从根本上放弃作为一个独特的个体去体验更多的精彩生活。性别刻板印象对男人而言更加苛刻。比如在婚恋方面，男性必须功成名就，当男性没有房子、车子、票子，就被视为不成功，就会变成"剩男"，被社会瞧不起。

性别刻板印象是被社会和文化建构的，也是可以随着时代和社会而变迁的。当前男性理应是婚房购买的主要承担者，是婚房购买的"角色扮演者"，给男性及其家庭带来了沉重的经济压力和心理压力；女性，尤其是优质女性就应该嫁有车、有房、有存款的优质男性，无车、无房、无存款的男性就应该被"剩"下来，这是对男女两性在婚嫁方面的刻板印象，不利于社会各阶层的通婚。我们有必要通过改变现行的婚俗习惯和相关观念，实现两性的真正平等，摆脱这种刻板印象，让男女双方的爱情更加纯粹自由，让婚姻家庭更加稳定。

三、加强婚房购买中强势一方的情绪管理

情绪管理是指用心理学科的方法，有意识地调适、缓解、激发情绪，以保持适当的情绪体验与行为反应，避免或缓解不当情绪与行为反应的过程。加强对婚房购买中强势一方的情绪管理。

首先，加强认知调适，即无论是男方及其家人购买婚房还是女方及其家人购买婚房，任何一方都不能以"房东"的身份自居，不能以命令的方式要求另一方做事。比如，女性购房者替代男性完成了购买婚房的重担，掌握家庭财政

大权和生活大权，在丈夫和公婆面前就会表现出强势的一面，这时一定要引导她们认清自己在婚姻中的角色，不要因为物质利益而与男方及其家庭发生过多的家庭矛盾，要做一个好妻子，维系好自己的家庭。

其次，做好理智控制。婚房购买中强势一方一旦无法控制自己的情绪，就容易引发家庭矛盾，造成婚后生活的不和谐。因而，为了拥有一段幸福美满的婚姻，女性尤其是购买婚房的女性，在家庭生活中一定要调整心态，做好情绪控制。比如，不要因为男方及其家庭买不起婚房而鄙视数落对方，不能因为男方及其家庭提供不了自己想要的婚房而乱发脾气，要体谅对方的辛苦及难处；在发生家庭冲突时，尽量就事论事，不要以购买婚房为理由压制对方，将不甘、懊恼等不良情绪发泄在对方身上。同样，购买婚房的男性在家庭生活中要摒弃大男子主义思想，不要将妻子当作生孩子的工具、做家务的"保姆"，要体谅妻子的艰辛，主动帮助妻子分担家务劳动，关心爱护妻子，在与妻子发生争执时，也要注意控制住自己的情绪。

最后，建议弱势一方通过情绪宣泄、价值导向、认知促进，纠正婚房购买中强势一方的不正确行为，比如看不起对方及其家人等，以达到调节情绪，促进家庭关系和谐发展的目的。

四、加强婚房购买中弱势一方的心理疏导

心理疏导指通过言语的沟通技巧进行"梳理、泄压、引导"，改变个体的自我认知，提高行为能力和改善自我发展的心理疏泄和引导方法。当面对强势伴侣的无理取闹时，面对对方父母的埋怨时，面对来自各方的压力时，婚房购买中的弱势一方要及时做好心理调节，减少家庭纷争，稳定家庭关系，和谐家庭气氛。

首先，建议弱势一方，尤其是男性要有一个好心态，不要自暴自弃，怨天尤人，要学会换位思考。比如就入赘而言，婚姻的基础是爱情而不是金钱，男方住进女方及其家庭提供的婚房，解决了结婚无房居住的难题，还减少了自家的经济开支，对男方而言也是一件很好的事情。

其次，弱势一方面临家庭矛盾及婚房纠纷问题时，可向亲朋好友、同事等倾诉，以获得他人的理解、安慰、鼓励和帮助；也可以通过眼泪缓解，即偷偷流泪或者号啕大哭，将婚姻期间压抑、焦虑、愤怒等负面情绪宣泄出来，释放婚姻期间的生活压力；或者转移注意，如通过观看轻松愉快的电影、电视剧，或者打一场游戏等，来适当转移注意，疏泄家庭生活中紧张、烦躁的负面情绪。

最后，婚后如果一方经常以"婚房"的名义压制另一方，那么另一方要学会克制，要运用讲道理与摆事实的方法，做到情理交融，解决因婚房引发的矛盾，保证夫妻关系和代际关系的和谐发展。

五、加强社会舆论引导，形成新的婚俗

在西方社会，房子不是青年结婚的必需品，只要爱情来了，有没有房子都要结婚。就算要买房，成年子女也不会依靠父母的经济资助，更多的是靠自己的努力购买婚房，同时父母也不需要子女的赡养，父母和子女在经济上完全是独立的。而中国有着传统的置业观、"面子观"，有着浓厚的家文化和根文化，而房子在大多数人眼里就是家的缩影，给人以安全感和归属感。当前居民越来越认同"干得好不如嫁得好"，青年人结婚要求要有婚房，"无房不结婚"，部分青年还不接受二手房，甚至要求婚房中配备符合现代水准的家电等物品，而中国的父母在子女结婚时也需要帮助他们购买婚房，这很大程度上是传统代际关系责任的一种延续。现代社会由于缺少婚房而失婚的现象并不少见，不少青年由于找不到有房子的伴侣而情愿一直单身。物质绑架了爱情婚姻，引发了诸多的家庭矛盾，导致社会的不稳定。因此社会舆论应给以正向引导，帮助群众自觉摒弃不良婚俗，形成健康文明的婚姻价值观念。

具体而言，一是在全社会大力提倡文明简约的"新婚俗"，让爱情婚姻摆脱功利化色彩，让民众以"缔结婚姻=经济索取"为耻，让青年在恋爱中共同努力，共同进步，共建美好家园。

二是社会应该向大众宣传引导成年且已就业的子女应主要依靠自己的能力购买婚房，父母无义务帮其购买；在城市无购房能力的青年租房也可以结婚，要结婚的青年在买不起婚房的情况下可以与父母一起居住；最终形成无房也能结婚、量力办婚事、节俭办婚事的良好风尚。

三是通过社会舆论宣传，比如最美家庭、最美夫妻等，使适婚青年从小就接受美好的道德观念，摆正物质与精神的关系，具备做人的气节和骨气，形成正确的爱情观、婚姻观、家庭观。

六、加快住房制度改革，建立"婚恋扶贫基金"

《中长期青年发展规划（2016—2025年）》指出在青年工作和生活压力不断增大的形势下，社会必须在婚恋、社会保障上关心和帮助他们。加快住房制度改革，解决部分青年无房结婚的现实难题已经迫在眉睫。总体而言，政府制定相关政策抑制房价，制定针对适婚青年的公共性租房和购房优惠政策，降低

青年的结婚成本,这样才能提高结婚率,减少因经济压力过大导致的家庭矛盾,稳定婚姻关系。具体包括:一是提高公租房对结婚需求的保障程度,将经济基础较弱的大龄新婚夫妇纳入公租房优先保障范围;二是推进"共有产权"结婚住房试点,开发建设政府与新婚夫妻按份共有产权的政策性商品住房,并支持新婚夫妻渐进式购买房屋全部产权;三是推进公共服务均等化,剥离与住房产权挂钩的教育、文化、医疗卫生等市民权益与社会福利,使租房结婚具备可行性。此外,就婚恋弱势群体而言,我们需要建立"婚恋扶贫基金",在其职业、家庭等方面给予适当的经济支持,促使他们早日购房结婚,减少因婚房缺失所导致的失婚现象以及因婚房品质所导致的家庭矛盾。

第四节 本章小结

本章主要分析婚房购买对婚后家庭关系产生负面影响的应对策略。本章首先分析了婚房购买及其模式对家庭关系带来的挑战,包括五个方面:一是婚房购买增加亲代为子代操办婚事的压力;二是婚房购买加深家庭的代际关系;三是男性购买婚房促进了婚后家庭关系的稳定,但加大了男性及其家庭的经济负担和内部矛盾;四是女性购买婚房打破"男主外女主内"的传统格局,可能引发家庭矛盾;五是婚房购买 AA 制可能导致夫妻情感疏离,最终演变为合作伙伴。然后针对青年婚房购买对婚后家庭关系产生的负面影响提出应对策略,包括:引导年轻人正确认识与处理"房子与幸福"之间的关系,树立正确的婚恋观;加强婚房购买中强势一方的情绪管理和弱势一方的心理疏导;加强社会舆论引导,形成新的婚俗;加快住房制度改革,建立"婚恋扶贫基金"。

第九章 婚房购买及婚后家庭关系的前瞻性分析

第一节 人口数量变化对婚房购买及婚后家庭关系的影响

一、人口增速放慢对婚房购买及婚后家庭关系的影响

2020年第七次全国人口普查（以下简称为七普）主要数据显示，全国人口共141178万人，与2010年（第六次全国人口普查数据）的133972万人相比，增加7206万人，增长5.38%，年平均增长率为0.54%，比2000年到2010年的年平均增长率0.57%下降0.04个百分点。数据表明，中国人口10年来继续保持低速增长态势。人口增速放慢将抑制经济社会的发展，对婚房购买及婚后家庭关系也将产生重要影响。

具体而言，一是人口增速放慢导致经济发展放缓，增加了婚姻的不稳定。人口增长过慢，致使社会人口红利优势消失，人力成本大大增加，经济发展缺乏劳动力优势，经济放缓。相关研究表明，经济水平与离婚率之间有关联，即婚姻稳定普遍与高经济水平联系在一起，经济稳定在婚姻的可持续性中发挥着重要作用。当收入受到正面影响时，夫妻之间的关系质量就会提高，与此相反，当经济衰退时，离婚率也会上升。因此，当家庭收入增加时，许多婚姻往往会进入相对积极的状态。而经济增速放缓会导致失业率增加，婚姻中一方可能的失业现象会增加夫妻双方还房贷的经济和心理压力，在这种情形下可能会激化双方的情绪，导致离婚。

二是人口增速放慢将对不同地区的房价产生不同的影响，进而影响不同地区的人群的婚房购买计划。人口是影响房价的长期因素。人口增速放慢一方面促进北上广深等一二线中心城市或区域中心城市的房价的稳定及平稳增幅，另

一方面将可能导致三四线城市房价的下跌，使房价产生分化。中国人口流动表现为大量劳动力人口从经济落后地区流入东部以及其他经济发达地区，从农村、城镇向一二线中心城市流动。受房价分化的影响，东部以及其他经济发达地区和一二线中心城市的本地青年与流入青年仍然面临着购买婚房和缔结婚姻所带来的困难和经济压力，只有身处三四线城市以及经济相对落后地区的青年购房和结婚压力相对较小。

二、人口基数较大对婚房购买及婚后家庭关系的影响

虽然中国人口增速放慢，但人口基数仍然较大。七普数据显示，2020年全国人口共141178万人，约占全球总人口的18%，当时仍然是世界第一人口大国。中国人口基数较大对婚房购买及夫妻婚后家庭关系也将产生重要影响。具体而言，虽然中国面临老龄化和少子化倾向，但由于人口基数大，适婚人口数依然较大，庞大的适婚群体使青年择偶选择的机会更多、余地更大，为了娶到或者嫁给心仪的对象，适婚青年会不断提高自身条件，如提高学历，购买面积大、地理位置好的婚房来实现缔结婚姻的目的，这样加剧了购买婚房的竞争和缔结婚姻的压力。此外，20世纪80年代生育高峰中出生的人口集中进入婚龄是导致2004年以来中国城市住房价格持续、快速上涨的重要原因之一，这种由于婚姻人口冲击引发的住房市场繁荣具有周期性特征，婚龄人口高峰过后可能出现住房市场需求萎缩和住房价格显著下降，并由此影响经济稳定[①]。目前受宏观经济形势的影响，部分地区的房价已经出现下跌的趋势，但一二线城市的房价仍然较高，导致部分年轻人因买不起房选择不婚不育，尤其是女性在面对职场性别歧视和养育后代的压力时更加容易选择单身，不婚化成新趋势。据统计，2013—2020年结婚登记对数从历史高点的1347万对持续下滑至813万对。不婚现象不利于人口增长，不利于整个社会的和谐稳定。部分不婚年轻人向往独立、自由、享受，有的人只谈恋爱不结婚，甚至成为破坏他人婚姻的导火索。

---

① 刘学良，吴璟，邓永恒. 人口冲击、婚姻和住房市场［J］. 南开经济研究，2016（1）：58-76.

第二节　人口质量变化对婚房购买及婚后家庭关系的影响

一、受教育年限普遍提高对婚房购买及婚后家庭关系的影响

随着教育的普及，中国劳动人口受教育年限普遍提高。七普数据显示，2020年中国具有大学文化程度的人口为21836万人。与2010年相比，每10万人中具有大学文化程度的人数由8930人上升为15467人，15岁及以上人口的平均受教育年限由9.08年提高至9.91年，文盲率由4.08%下降为2.67%。国家统计局数据显示，2015—2019年博士在校学生数由32.67万人增至42.42万人，硕士在校学生数从158.47万人增至243.95万人，硕士及博士学历占比从10.81%增至14.06%。

劳动人口受教育年限的普遍提高和素质的大幅提升，为中国建设社会主义工业强国，实现中华民族伟大复兴等奠定了良好条件，同时也对婚姻以及婚后家庭关系的处理带来积极或消极的影响。

具体而言，一是女性受教育年限的提高，提高了她们对婚房的要求，加大了男性婚房购买的难度。伴随着经济发展和受教育水平的提高，新时代的女性将拥有更多的就业机会和发展前景，与传统女性相比，她们的社会地位得到极大的提升，越来越追求独立自由与高品质生活，对伴侣和婚房的要求也越来越高，这无疑加大了男性购买婚房和结婚的难度。

二是女性受教育年限的提高，促进了女性的经济独立，使她们对婚姻持开放态度。与传统女性相比，高学历的女性对诸如家庭暴力、婆媳冲突等的忍耐力越来越低，她们思想开放，经济独立，更有底气承担离婚的不利后果，这也就是近些年离婚案件中由女性提出离婚申请比重加大的一个重要原因。此外，女性受教育年限的提高使她们更认同婚姻所具有的经济功能和社会功能，而不是生育功能，即结婚是为了"提高收入和生活质量"，这样的婚恋观更为现代和自主，高学历女性不婚不育的意愿越来越强，同时这一群体的出现也加剧了高质量男性的竞争，包括婚房竞争等。

三是女性受教育年限的提高，使其获得更好的就业机会和更高的工资收入，成为婚房的新晋购买者。女性购买婚房提高女性在婚后家庭生活中的地位，增加其自主权、话语权，可能改变家庭事务的传统性别分工，可能形成女强男弱的家庭格局，使男性产生压力和自卑，进而影响夫妻关系。

四是受教育程度的普遍提高，使年轻人在选择结婚配偶时的自主权也得到了提高，这种自主选择伴侣的婚姻模式有利于婚房购买及婚后家庭关系的稳定。比如高学历的年轻人在选择配偶时，更加注重灵魂的契合、精神的默契，而不仅仅是物质方面，这有利于婚房的顺利购买，同时也为婚后家庭关系的良性发展奠定了基础。因为高学历的夫妻在处理婚姻问题时会更加包容，也更加理性，进而大大减少因婚房购买导致的家庭纠纷矛盾。

二、老龄化对婚房购买及婚后家庭关系的影响

目前中国人口老龄化程度进一步加深，老年人口的规模和比重不断上升，劳动力人口规模和比重持续下降。七普数据显示，2020年中国0~14岁人口为25338万人，占17.95%；15~59岁人口为89438万人，占63.35%；60岁及以上人口为26402万人，占18.70%（其中，65岁及以上人口为19064万人，占13.50%）；劳动年龄人口（15~64岁）为9.68亿，占比为68.5%。与2010年相比，0~14岁、15~59岁、60岁及以上人口的比重分别上升1.35个百分点、下降6.79个百分点、上升5.44个百分点。其中，中国15~64岁劳动年龄人口的规模在2013年达到10.06亿人的峰值后开始负增长并逐年下降，2020年降至9.68亿人。根据世界银行数据库相关数据估算，目前中国劳动力人口规模在世界各国中依然排名第一，但同时劳动力人口规模和比重持续下降，老年人口的规模和比重不断上升，老龄化程度不断加深，中度老龄化社会（65岁及以上人口占比超过14%）即将到来。人口老龄化速度加快使中国进入"未富先老"的阶段，即与西方发达国家相比，中国在经济发展水平不高的情况下进入人口老龄化。

劳动年龄人口减少和人口老龄化不利于经济的发展，对婚房购买及婚后家庭关系也将产生重要影响。具体而言，一是人口老龄化使得老年人与年轻人共同居住的家庭比例得以上升，这一方面有利于子辈照料老年人的生活起居，对老年人给予更多的精神慰藉，减少他们的孤独感，但另一方面由于代际沟通、价值观差异以及由照顾老人导致的家庭经济负担加重等问题，势必影响夫妻婚后的家庭生活的稳定和谐。二是伴随着退休延迟政策的实施，以及越来越多的具有劳动能力的"低龄"老年人参加工作，年轻人的就业压力和竞争将越来越大，这将降低年轻人结婚的意愿，也不利于年轻人婚房的购买。同时，年龄结构效应显现，即老龄化导致的老年人消费较少以及就业人群缴纳社保负担过重，将从宏观层面降低整体消费能力和消费倾向，这也从侧面印证了越来越多的年轻人可以买得起一个名牌包包、衣服，但没有能力购买婚房的现象。三是

老年人为了儿女的婚姻，往往会把一辈子的积蓄拿出来给儿女购买婚房，加剧了老年人的贫困，使其在面临大额医疗费用开支时捉襟见肘，引发家庭矛盾。

三、少子化对婚房购买及婚后家庭关系的影响

目前中国人口增长速度放缓，少子化趋势非常明显。一个国家或地区是否存在少子化可以用0~14岁人口占总人口比例、人口出生率、总和生育率等指标来判定。例如，0~14岁人口比例低于15%称为超少子化，15%~18%称为严重少子化，18%~20%称为少子化；人口出生率17.0‰~15.0‰为正常，15.0‰~13.0‰为少子化，13.0‰~11.0‰为严重少子化，11.0‰以下为超少子化；总和生育率2.4~2.1为正常，2.1~1.8为少子化，1.8~1.5为严重少子化，1.5以下为超少子化。七普数据显示，2020年中国新出生人口1200万，全国人口出生率为8.50‰；中国育龄妇女总和生育率为1.3，已经低于总和生育率的警戒线（1.5），育龄妇女的生育意愿子女数为1.8；2020年中国0~14岁人口为25338万人，占总人口比例17.95%。

2020年七普的相关数据已经表明我国少子化趋势非常明显，这对婚房购买及婚后家庭关系产生了重大的影响。具体而言，一是少子化抑制一个国家或地区的创新力，减少了劳动力供给，不利于经济的发展，可能导致晚婚晚育、少生不生以及单身现象。老龄化、少子化阻碍经济的发展，受其影响，部分年轻人对买房、结婚将失去兴趣，进而导致不婚不育、晚婚晚育、少生不生。二是少子化背景下部分乡村婚育模式出现嬗变，比如江浙一带出现"两头婚"和"两头姓"的现象，这一婚育模式不需要购买婚房，有利于婚姻的缔结，有利于实现财产继承和家庭养老的社会功能，但不利于年轻夫妻情感的培养，容易造成婚姻的不稳定。

第三节　人口结构变化对婚房购买及婚后家庭关系的影响

一、性别结构变化对婚房购买及婚后家庭关系的影响

总体而言，中国的性别结构略微失调。一是男女比例的总体失衡。七普数据显示，男性人口为72334万人，占51.24%；女性人口为68844万人，占48.76%。总人口性别比（以女性为100，男性对女性的比例）为105.07，与2010年基本持平，略有降低。出生人口性别比为111.3，较2010年下降6.8。

二是男女比例的地区失衡。根据七普数据显示，我国31个省份中，总人口性别比在100以下的省份有2个，即辽宁（性别比达99.7）、吉林（性别比达99.69）；在100至105之间的省份有17个；在105至110之间的省份有9个；在110以上的省份有3个，依次为广东（性别比达113.08）、海南（性别比达112.86）、西藏（性别比达110.32）。三是男女比例的城乡失衡，即在农村青年男性多于青年女性，在城市特别是一线城市则是青年女性多于青年男性。男女比例的失衡对婚房购买及婚后家庭关系产生了重大的影响。

总体而言，性别结构失衡通过加剧婚姻挤压而推高房价，受教育水平对性别结构失衡与房价正相关关系具有强化作用①。具体而言，一是男女比例的总体失衡，大量"剩男"的集中出现，导致婚姻挤压，买不起婚房的贫困男性成为被挤压的对象，此外还将引发婚外恋、同性恋等社会现象，导致婚后夫妻关系的紧张和婚姻的不稳定。二是男女比例的城乡失衡，导致农村恋爱和婚姻市场上的结构失衡，部分农村男性难找对象，绝大多数的农村女性可以凭借着性别资本优势向男性索要婚房、彩礼，增强了婚恋市场上农村女性的力量和话语权，以及婚后妻子在家庭内部的各项权力，同时也提升了农村女性利用其性别资本优势向男性索要婚房、彩礼的底气、勇气，进而增加了婚后因物质索取或经济纠纷所导致的夫妻矛盾、代际矛盾的风险。三是男女比例的地区失衡，即经济发达地区和一线城市更容易出现男少女多，经济落后地区和乡村更容易出现男多女少，这加剧了恋爱和婚姻市场上的结构失衡，使"老夫少妻"在城市越来越普遍，"姐弟恋"的比重也在增加。一般而言，"老夫少妻""姐弟恋"的婚配模式中男方或者女方经济实力较为雄厚，有能力购买婚房，有利于顺利完成婚姻缔结，但部分夫妇由于年龄差距、收入差距等因素，婚后家庭生活并不稳定和谐。

二、城乡人口结构变化对婚房购买及婚后家庭关系的影响

目前中国城乡人口结构变化，主要表现为劳动人口从农村向城镇迁移，农村面临严重的人口老龄化现象。七普数据显示，2020年中国城镇化率为63.9%，居住在城镇的人口为90199万人，占总人口比例63.89%；居住在乡村的人口为50979万人，占36.11%。与2010年相比，城镇人口增加23642万人，乡村人口减少16436万人，城镇人口比重上升14.21个百分点。从这些

---

① 吴昌南，王进. 中国人口性别结构失衡、婚姻挤压与房价 [J]. 当代财经. 2021（05）：17－27.

数据中我们发现，中国城镇化速度不断加快，目前63.89%的城镇化率已经高于55.3%的世界平均标准，基本达到中等偏上收入国家的平均城镇化人口水平，但距离发达国家81.3%的城镇化程度，尤其2020年95%的美国城镇化率还有一定的差距，尤其是农村人口面临严重的老龄化现象，未来劳动人口从农村向城镇迁移的增速可能放慢。

尽管未来中国可能面临城镇化率放缓的趋势，但就目前而言，劳动人口特别是大量的未婚青年往一线、二线城市或者小城镇流入成为一种普遍现象和趋势，那么这对婚房购买及婚后家庭关系将产生怎样的影响呢？具体而言，一是劳动人口从农村向城镇迁移，使农村青年婚房进城成为普遍趋势，在城市（县城）购置婚房是他们结婚的重要条件，这加重了家庭的经济负担，父母往往要举全家之力，调动和整合各种经济资源才能帮助子女完成这一目标，在这一过程中可能会引发家庭成员之间的经济纠纷和邻里矛盾。二是大量农村青年举全家之力在城市购房结婚加剧了城市青年婚配竞争压力，对城市贫困青年的婚姻造成一定程度的挤压，农村青年婚房进城拉动了城市房产消费，助推了城市的房价，加剧了城市青年购买婚房的难度。三是劳动人口从农村向城镇迁移，促进城乡的通婚，产生城市男性娶农村女性（年轻、貌美、高学历、来自富裕家庭），城市女性嫁农村男性（高学历、高素质）等婚配形式，不同的婚配模式将对婚房购买以及婚后家庭关系产生不同的影响。

三、区域人口结构变化对婚房购买及婚后家庭关系的影响

目前中国区域人口结构不平衡，主要表现为大量劳动力人口从东北地区流入东部以及其他经济发达地区，东北地区人口规模和比重下降明显。七普数据显示，2020年中国东部地区人口为5.64亿人，占总人口的39.93%，中部地区人口为3.65亿人，占25.83%，西部地区人口为3.83亿人，占27.12%；东北地区人口为0.99亿人，占6.98%。与2010年相比，东部地区人口所占比重上升2.15个百分点，中部地区下降0.79个百分点，西部地区上升0.22个百分点，东北地区下降1.20个百分点。十年间，东北地区人口减少1098万，其中辽宁减少115万人，吉林减少337万人，黑龙江减少646万人，广东人口增加2170余万。从中我们发现，过去十年间东北地区人口减少较为明显，青壮年劳动力大量流出；东部地区的人口集聚态势一直在持续，比如广东、浙江等地劳动人口增长较多，长三角、珠三角等城市群经济发展状况好，城镇化率水平高，良好的城市间协同效应加剧了人口向该地区流动；西部地区人口规模和比重呈现轻微的波动式上升，部分地区出现人口回流现象，比如贵州、重

庆等地加快产业结构调整和转型升级,吸收了大量劳动人口流入;中部地区人口规模和比重略微下降。总之,中国人口流动主要从东北、中部地区流向东南部及沿海地区,其中90%以上是劳动人口的流动。

那么中国人口流动的去向和人口空间分布格局对婚房购买及婚后的家庭关系产生了什么影响呢?总体而言,流动状态会降低青年购买住房的可能性,增加租房居住的概率[①]。具体而言,一是大量劳动力人口从东北地区流入东部以及其他经济发达地区,助推了东部以及其他经济发达地区的房价,加剧了本地青年购买婚房的难度和婚姻市场的竞争。二是大规模的区域人口流动产生了跨省通婚,比如基于流动人口的户籍所在地与性别视角的"外地男—外地女""本地男—外地女"和"外地男—本地女"的婚配模式,不同的婚配模式将对婚房购买以及婚后家庭关系产生不同的影响。三是大量劳动人口向长三角、珠三角等城市群集聚,尤其是北京、上海、广州、深圳等一线城市,致使当地的男女性别结构失衡,容易出现"剩女"现象。北京、上海、广州、深圳等一线城市的房价偏高,导致出现婚房购买在郊区,工作在市区的夫妇越来越多,这给工作和生活带来了一定的不便,将成为影响婚后夫妻关系的一个导火索。

第四节 本章小结

本章主题为"婚房购买及婚后家庭关系的前瞻性分析",主要分析了人口变化,包括人口数量变化、人口质量变化、人口结构变化对婚房购买及婚后家庭关系的影响。笔者认为人口增速放慢导致经济发展放缓,增加了婚姻的不稳定性。人口基数较大,使得购买婚房的竞争和缔结婚姻的压力仍然加大。男女比例的总体失衡,导致婚姻挤压,即买不起婚房的贫困男性成为被挤压的对象;女性受教育年限的提高,让她们提高了对婚房的要求,加大了男性购买婚房和结婚的难度,同时高学历的女性对诸如家庭暴力、婆媳冲突等的忍耐力越来越低,婚后生活不再"将就",家庭矛盾时有发生;女性受教育年限的提高,使她们获得更好的就业机会和更高的工资收入,成为婚房的新晋购买者,这对婚后家庭地位和家庭关系产生影响;同时,受教育程度的普遍提高,使年轻人在选择结婚配偶时的自主权也得到了提高,这有利于婚后家庭关系的稳定。人

---

① 宋健,李静.中国城市青年的住房来源及其影响因素——基于独生属性和流动特征的实证分析[J].人口学刊,2015(06):14-24.

口老龄化加大了社会的养老负担，尤其是年轻人的经济压力，不利于年轻人对婚房的购买，还可能降低他们结婚的意愿，并且老龄化使得老年人与年轻人共同居住的家庭比例上升，可能影响婚后家庭生活的稳定。少子化不利于经济的发展，可能导致晚婚晚育、少生不生以及单身现象。男女比例的城乡失衡，导致部分农村男性难找对象，绝大多数的农村女性可以凭借着性别资本优势向男性索要婚房、彩礼，进而增加了婚后因物质索取或经济纠纷所导致的家庭矛盾的风险；男女比例的地区失衡，加剧了恋爱和婚姻市场上的结构失衡，也使"老夫少妻""姐弟恋"的比重在城市逐年增加，由于年龄差距、收入差距等因素，这部分群体婚后家庭生活并不稳定和谐。劳动人口从农村向城镇迁移，一方面，使农村青年婚房进城成为普遍趋势，加重了农村家庭的经济负担，加剧了城市青年婚配竞争压力；另一方面，劳动人口从农村向城镇迁移，促进城乡的通婚，产生城市男性娶农村女性（年轻、貌美、高学历、来自富裕家庭）、城市女性嫁农村男性（高学历、高素质）等婚配形式，不同的婚配模式将对婚房购买以及婚后家庭关系产生不同的影响。大量劳动人口从东北地区流入东部以及其他经济发达地区，向长三角、珠三角等城市群集聚，助推了当地的房价，导致当地的男女性别结构失衡，加剧了本地青年购买婚房的难度和婚姻市场的竞争。

参考文献

一、书籍类

[1] 中共中央马克思恩格斯列宁斯大林著作编译局. 马克思恩格斯选集（第一卷）[M]. 北京：人民出版社，1995.

[2] 中共中央马克思恩格斯列宁斯大林著作编译局. 马克思恩格斯选集（第四卷）[M]. 北京：人民出版社，2012.

[3] [法] 皮埃尔·布尔迪厄. 文化资本与社会炼金术 [M]. 包亚明，译. 上海：上海人民出版社，1997.

[4] [美] 加里·S. 贝克尔. 人类行为的经济分析 [M]. 王业宇，陈琪，译. 上海：格致出版社，上海三联书店，上海人民出版社，2008.

[5] 陈顾远. 中国婚姻史 [M]. 北京：商务印书馆，2014.

[6] 阎云翔. 礼物的流动：一个中国村庄中的互惠原则与社会网络 [M]. 李放春，刘瑜，译. 上海：上海人民出版社，2000.

[7] Erving Goffman. *Stigma：Notes on the Management of Spoiled Identify* [M]. New York：Simon & Schuster Inc.，1963.

二、期刊类

[1] 李春玲. 静悄悄的革命是否临近？——从 80 后和 90 后的价值观转变看年轻一代的先行性 [J]. 河北学刊，2015（3）：100-104.

[2] 海文. 搅乱房市的"90 后"[J]. 今日工程机械，2014（3）：64-65.

[3] 胡建国，李伟. 90 后：结婚必须有房吗——基于中国大学生追踪调查的研究 [J]. 中国青年研究. 2019（06）：67-72.

[4] 陈变珍，姜晓刚，唐晓雪. 住房消费对高校教师婚姻质量的影响探讨 [J]. 高教论坛，2018（7）：61-64.

[5] 廉思，赵金艳. 结婚是否一定要买房——青年住房对婚姻的影响研究

[J]．中国青年研究，2017（7）：61－67．

[6] 李斌，蒋娟娟，张所地．丈母娘经济：婚姻匹配竞争对住房市场的非线性冲击[J]．现代财经，2018（12）：72－81．

[7] 林蒙丹，林晓珊．结婚买房：个体化视角下的城市青年婚姻与住房消费[J]．中国青年研究，2020（8）：28－35．

[8] 李丽慧，韩冰雪．高房价对城市家庭结构的影响[J]．许昌学院学报，2013（3）：103－106．

[9] 郑丹丹，杨善华．夫妻关系"定势"与权利策略[J]．社会学研究，2003（4）：96－105．

[10] 李斌，任津汝，张所地．婚配竞争压力对家庭住房消费行为的驱动研究——对"婚房竞争"现象的透视[J]．消费经济，2022（1）：83－96．

[11] 闵学勤．空间拜物：城市青年住房消费的仪式化倾向[J]．中国青年研究，2011（1）：36－41．

[12] 张海东，杨城晨．住房与城市居民的阶层认同——基于北京、上海、广州的研究[J]．社会学研究，2017（5）：39－63．

[13] 许中波．当代都市流动青年婚房获取困境[J]．当代青年研究，2020（1）：81－90．

[14] 钟晓慧，何式凝．协商式亲密关系：独生子女父母对家庭关系和孝道的期待[J]．开放时代，2014（1）：155－175．

[15] 钟晓慧．"再家庭化"：中国城市家庭购房中的代际合作与冲突[J]．公共行政评论，2015（1）：117－140＋201．

[16] 王跃生．社会变革中的家庭代际关系变动、问题与调适[J]．中国特色社会主义研究，2019（3）：79－87．

[17] 宋国恺，焦艳棠．举家体制视角下青年农民婚房进城的社会学分析[J]．天津大学学报（社会科学版），2021（3）：113－120．

[18] 郑丹丹，耿金华．女性家庭权力、夫妻关系与家庭代际资源分配[J]．社会学研究，2017（1）：171－192＋245．

[19] 徐安琪．夫妻权力模式与女性家庭地位满意度研究[J]．浙江学刊，2004（2）：208－213．

[20] 董凤芝．经济关系变化影响夫妻关系[J]．妇女研究论丛，2000（1）：54－55．

[21] 徐安琪．家庭幸福：金钱愈加重要了吗——一项关于家庭幸福观的经验研究[J]．社会科学研究，2011（1）：95－102．

[22] 赵凤,计迎春,陈绯念.夫妻关系还是代际关系?——转型期中国家庭关系主轴及影响因素分析[J].妇女研究论丛,2021(4):97-112.

[23] 孙丽岩,王建辉,吴友军.当前我国婚姻满意度的状况分析[J].学术探索,2002(4):122-123.

[24] 刘学良,吴璟,邓永恒.人口冲击、婚姻和住房市场[J].南开经济研究,2016(1):58-76.

[25] 杨善华.中国当代城市家庭变迁与家庭凝聚力[J].北京大学学报(哲学社会科学版),2011(2):150-158.

[26] 宋健,李静.中国城市青年的住房来源及其影响因素——基于独生属性和流动特征的实证分析[J].人口学刊,2015(06):14-24.

[27] 吴昌南,王进.中国人口性别结构失衡、婚姻挤压与房价[J].当代财经.2021(05):17-27.

[28] Carolyn Vogler. Money in the Household: Some Underlying Issues of Power [J]. *The Sociological Review*, 2008, 46(4):3-13.

[29] Carole B. Burgoyne, Janet Reibstein, Anne Edmunds. Money and Management Systems in Early Marriage: Factors Influencing Change and Stability [J]. *Journal of Economic Psychology*, 2006, 28(2):90-121.

[30] Jan Pahl. His Money, Her Money: Recent Research on Financial Oranisation in Marriage [J]. *Journal of Economic Psychology*, 1995, 16(3):34-45.

[31] Pamela Campa, Alessandra Casaricoy, Paola Profeta. Gender Culture and Gender Gap in Employment [J]. *CESifo Economic Studies*, 2011(1):156-182.

[32] Anne Ross, Smithand Kate Huppatz. Gender, Work and Organization [J]. *Gender, Work & Organization*, 2010(9):547-566.

三、学位论文

[1] 郭雯.性别视角下的婚房购买及其对婚后家庭关系的型塑研究[D].哈尔滨:哈尔滨工业大学,2014.

[2] 沈奕斐.个体化与家庭结构关系的重构[D].上海:复旦大学,2010.

附件　城市青年婚房购买与婚后家庭关系的调研问卷

调研员需告知受访者：首先感谢您花费宝贵的时间接受我们此次的问卷采访，本次问卷采访是针对青年婚房购买与婚后家庭关系研究发起的调研。

此次问卷大约需要花您 20 分钟时间。

我们对您承诺：此次问卷采访只涉及科学研究，不涉及任何商业活动，我们会对获取的信息资料严格保密。

感谢您的合作，祝您家庭幸福，万事如意！

调查省份：
地市：

调研员：
联系方式：

调研日期：　　年　　月　　日

访员注意：

请在所选选项序号下面打√，其他（请注明）请填写。

第一部分：基本信息

A1. 您的性别？

1. 男
2. 女

A2. 您结婚了吗？

1. 已婚
2. 未婚
3. 离异
4. 丧偶
5. 其他（请注明）

A3. 您处于以下哪个年龄段？

1. 20~30 岁
2. 30~40 岁
3. 40~50 岁
4. 50 岁以上
5. 其他

A4. 您的职业是什么？

1. 商人
2. 法律工作者
3. 政府机构人员
4. 事业单位人员
5. 医护人员
6. 公司职员
7. 其他（请注明）

A5. 您的受教育程度是什么？

1. 初中

2. 高中
3. 中专/职高
4. 大专/高职
5. 大学本科
6. 硕士研究生
7. 博士研究生
8. 其他（请注明）

A6. 您的家庭成员数量是多少？

注意：已经结婚、分了家的儿子的家庭不统计在内，已经结婚、未分家、还在一起生活的儿子的家庭要统计在内，出嫁的女儿不统计在内。

1. 一人
2. 两人
3. 三人
4. 四人
5. 五人
6. 六人以上

A7. 您的原生家庭是怎样的？
1. 健全家庭
2. 重组家庭
3. 单亲家庭
4. 其他

A8. 您的家庭氛围如何？
1. 基本无争吵，一家人相亲相爱
2. 有小争吵，但多数不放在心上，一家人相互扶持
3. 经常吵架，并且有时父母会冷战
4. 家庭氛围淡漠，让人感觉很受伤

第二部分：婚姻价值观

B1. 您对婚姻与金钱关系的看法是什么？

1. 没有金钱支持，就没有幸福的婚姻
2. 没有金钱支撑，婚姻一样可以幸福
3. 有金钱支持，婚姻大多幸福
4. 有金钱支持，婚姻也未必幸福

B2. 您如何评价"有房有车才结婚"的说法。
1. 非常赞同
2. 赞同
3. 不赞同
4. 既不赞同，也不反对
5. 说不清

B3. 您选择爱人的标准是什么？
1. 更注重人品、涵养和性格
2. 有共同语言
3. 看重对方的学识和前途
4. 对方的家庭背景和经济能力
5. 身材相貌

B4. 您对结婚对象的经济能力有无要求？
1. 有房有车有存款
2. 必须有房和稳定的经济收入
3. 可以无房，但必须有稳定的经济收入
4. 感情最重要，经济条件不在考虑范围

B5. 您赞成"裸婚"吗？
1. 不认同，因为不现实
2. 认同，可以实现
3. 有房有车最好，没有也无所谓

B6. 您对婚房的态度是什么？（可多选）
1. 对方全额付款买房子
2. 对方按揭付款买房子

3. 可以住对方父母家
4. 可租房结婚
5. 无所谓

B7. 您赞成"倒插门"吗?
1. 不认同,感觉很窝囊
2. 认同,可以少奋斗几十年
3. 不认同,也不反对
4. 其他

B8. 您介意您的婚恋对象有婚前贷款购买的房产吗?
1. 不介意
2. 介意

B9. 您认为婚房由谁购买将会影响婚后家庭地位吗?
1. 影响
2. 不影响
3. 不确定

第三部分:婚姻生活

C1. 您对目前婚姻状态的满意程度是怎样的?
1. 很不满意
2. 不满意
3. 基本满意
4. 满意
5. 非常满意

C2. 您认为维系夫妻关系的因素有哪些?(可多选)
1. 子女
2. 经济
3. 爱情
4. 舆论

5. 道德

6. 其他

C3. 您认为影响夫妻关系的因素有哪些？（可多选）

1. 感情淡化

2. 性格不合

3. 婆媳矛盾

4. 对方有第三者

5. 生理缺陷

6. 不满对方经济条件

7. 生活习惯差异

8. 其他

C4. 您在婚姻生活中遇到的最大困难是什么？

1. 金钱方面

2. 感情方面

3. 日常生活方面

4. 孩子的教育问题

5. 与双方父母的关系

C5. 您认为当下的婚姻面临着怎样的考验？（可多选）

1. 情感危机

2. 财产损失风险

3. 外界诱惑

4. 信任危机

5. 其他

C6. 如果婚后与对方出现矛盾，您是否会选择离婚？

1. 会

2. 不会

3. 看情况

C7. 在以下哪种情况下，您最可能选择离婚？（可多选）

1. 一方出轨
2. 感情淡化
3. 性格不合
4. 婆媳矛盾
5. 家庭暴力
6. 收入悬殊
7. 没有孩子
8. 身体缺陷

C8. 您家的"财政大权"是由丈夫掌管还是妻子掌管？
1. 您
2. 配偶
3. 共同掌管
4. 财产各自独立

C9. 您家的家庭事务的重大决策（投资、要孩子、换工作、孩子的升学或就业等）是怎样决定的？
1. 丈夫独自决策
2. 妻子独自决策
3. 夫妻协商决策

C10. 您的丈夫会帮您分担家务吗？
1. 经常
2. 偶尔
3. 从不
4. 其他

C11. 您每天的家务劳动时长为？
1. 1小时以下
2. 1~2小时
3. 2~3小时
4. 3~4小时
5. 4小时以上

第四部分：婚房与夫妻关系

D1. 您家的婚房是谁购买的？
1. 男方购买婚房
2. 女方购买婚房
3. 双方共同购买
4. 实行 AA 制购买

D2. 您家的婚房是怎样购买的？
1. 通过银行贷款购买
2. 通过私人借款购买
3. 全款购买
4. 通过贷款公司、网络借贷平台借款购买

D3. 您家婚房的产权情况是怎样的？
1. 丈夫所有
2. 妻子所有
3. 共同所有
4. 其他（请注明）

D4. 您婚房的性质是什么？
1. 普通住宅
2. 商品房
3. 小高层
4. 公寓
5. 别墅
6. 其他

D5. 您居住的房子面积为多少平方米？
1. 60 以下
2. 60～90
3. 90～130

4. 130以上

D6. 您对您家的婚房满意吗？
1. 满意
2. 不满意

D7. 购买婚房是否显著提高购买方婚后的家庭地位？
1. 是
2. 否
3. 不清楚

D8. 购买婚房是否改变传统的家务劳动分工？
1. 是
2. 否
3. 不确定

D9. 您对夫妻双方婚前财产协议是否认同？
1. 认同，这是避免未来发生财产纠纷的正常行为和合理手段
2. 不太同意，这会影响夫妻间的感情和信任度，但是如果对方提出，我会配合
3. 反对，这会严重影响夫妻间的感情
4. 无所谓

D10. 您和配偶会因为婚房的产权问题争吵吗？
1. 经常
2. 偶尔
3. 很少
4. 几乎不

D11. 您和配偶会因为婚房的贷款问题争吵吗？
1. 经常
2. 偶尔
3. 很少

4. 几乎不

D12. 您和配偶会因为婚房的面积、地段、装修等问题争吵吗？

1. 经常
2. 偶尔
3. 很少
4. 几乎不

D13. 若妻子购买婚房，并且收入比丈夫高，丈夫会感到压力和自卑吗？

1. 不会
2. 会
3. 看情况

D14. 您了解与婚姻财产相关的法律规定吗？

1. 了解
2. 不了解

D15. 您在什么情况下会主动了解与婚姻财产相关的法律规定？（可多选）

1. 婚前购买婚房时
2. 婚后购买房屋时
3. 为子女购买房屋时
4. 听说别人遭遇婚姻房产纠纷时
5. 夫妻关系出现问题时
6. 离婚时
7. 配偶去世时
8. 看或听到媒体对此类法规报道时

D16. 您认为住房质量会显著影响婚姻质量吗？

1. 不会
2. 会
3. 说不清

D17. 如若您认为住房质量会显著影响婚姻质量，那么到底哪些住房因素

影响婚姻质量？（D16 选不会的可忽略本题）

1. 住房的舒服程度
2. 是否有房贷
3. 产权是否清晰
4. 是否有老人共同居住

D18. 如若您认为住房质量不会显著影响婚姻质量，那么您认为一个幸福的婚姻主要取决于什么？（D16 选会的可忽略本题）

1. 互相的忠诚
2. 适当的收入
3. 满意的性生活
4. 与对方家人和谐相处
5. 一个健康可爱的孩子

第五部分：婚房与其他家庭关系

E1. 您与公婆或者岳父母一起居住吗？

1. 是
2. 否

E2. 您与公婆或者岳父母关系如何？

1. 亲密
2. 一般
3. 疏远

E3. 您的公婆或者岳父母是否资助您购买婚房？

1. 是
2. 否

E4. 您的公婆或者岳父母是否因资助您购买婚房而致贫？

1. 是
2. 否

E5. 倘若您的公婆或者岳父母没有能力资助您购买婚房,您是否有怨言?
1. 是
2. 否

E6. 您与公婆或者岳父母发生矛盾的主要原因是什么?(可多选)
1. 争夺经济资源
2. 育儿理念不同
3. 生活习惯不同
4. 性格不合
5. 价值观差异

E7. 您的伴侣在您与您父母/公婆之间扮演着什么角色?
1. 积极的调节者
2. 逃避者
3. 顺其自然

E8. 您婚后亲属关系重构情况是怎样的?

已婚男性填写亲密、一般、疏远。

与父母的亲疏	与岳父母的亲疏	与自家兄弟姐妹的亲疏	与老婆的兄弟姐妹的亲疏

已婚女性填写亲密、一般、疏远。

与父母的亲疏	与公婆的亲疏	与自家兄弟姐妹的亲疏	与丈夫的兄弟姐妹的亲疏